Orden y libertad

José María Aznar

Orden y libertad

Principios y tareas irrenunciables en defensa
de la democracia liberal

la esfera ⊕ de los libros

Primera edición: octubre de 2025

© José María Aznar López, 2025
© La Esfera de los Libros, S. L., 2025
Avenida de San Luis, 25
28033 Madrid
Tel. 91 443 50 00
www.esferalibros.com

ISBN: 978-84-1094-168-7
Depósito legal: M. 17.255-2025
Fotocomposición: Creative XML, S. L. U.
Impresión y encuadernación: Unigraf
Impreso en España-*Printed in Spain*

ÍNDICE

A mis nietos y a las nuevas generaciones.
Por ellos importa y de ellos depende.

«Lo que más me inquieta es que en España todos se preguntan: ¿qué va a pasar? Casi nadie se pregunta: ¿qué vamos a hacer?».

JULIÁN MARÍAS

1

A LA ALTURA
DE LAS CIRCUNSTANCIAS

La política es siempre una actividad circunstancial. Porque se enmarca en un contexto histórico, en una circunstancia concreta de espacio y tiempo. Podemos percibir con lucidez los aciertos y errores de nuestros antepasados de hace un siglo: lo que se hizo y debió omitirse; lo que se omitió y debió hacerse. Es fácil, porque dominamos tal circunstancia, en conjunto, con eso que se llama «perspectiva histórica». Nuestros antepasados no la tenían, se hallaban inmersos en un presente que para nosotros es pasado. Me propongo reflexionar en términos políticos sobre nuestra hora actual y eso supone, de alguna forma, remontarse hasta aquella perspectiva, hasta el nivel en que los árboles no impidan ver el bosque.

Hoy pedimos a la política, con urgencia impaciente, respuestas y decisiones inmediatas. Y nos decepciona su contestación: una cacofonía de voces donde el relato suplanta el argumento, la democracia se reduce a demoscopia y la retórica se degrada en propaganda. En mi opinión, ninguna sociedad democrática debería conformarse con eso; a cualquier actor político, esté en el Gobierno o en la oposición, debe demandársele otra actitud y otra aptitud. Creo que la disposición exigible consiste en una serie de escrupulosos deslindes. Entre política y demagogia, liderazgo y mercadotecnia, centralidad y equidistancia. No es cierto que el único objetivo en política sea ocupar el poder sin más propósito que retenerlo. Se trata, sí, de gobernar. Pero por la opinión y con la opinión, después de haberla conquistado. La sociedad demanda autenticidad más que nunca y que se le hable desde la convicción. No está harta de política, sino de mala política. Y eso incluye el cinismo populista, tan inauténtico y prefabricado como los eufemismos *correctos* que dice combatir.

El político enfrenta encrucijadas a cada paso. Estrechado siempre por las circunstancias, que normalmente excluyen disyuntivas fáciles. Ya el cardenal de Retz definía el arte de la política como una «perpetua elección entre inconvenientes». Quien ejerce esa actividad ha de apoyarse en valores, para elegir entre las posibilidades que las circunstancias consienten, una y solo una. Porque la política no es solo el arte de lo posible, sino el arte de hacer posible lo que parece deseable; y así, ir acumulando un capital de anhelos y realizaciones que encarrilen las posibilidades del futuro.

El político con dotes de liderazgo auténtico no es solo un timonel hábil capaz de salvar los escollos, sino un piloto que sabe conducir la nave incluso contra las corrientes y contra el viento. No debe limitarse a escoger entre las posibilidades existentes; debe prepararlas. Para eso primero ha de esclarecer una situación dada analizando los factores de poder que estén presentes, las relaciones económicas que acusen intereses atendibles, las creencias que tengan aceptación social, descubriendo las posibilidades concretas que tiene ante sí. Todo esto es lo que la política tiene de «circunstancial». Hacer política supone, por tanto, el conocimiento de una circunstancia y de sus posibilidades, así como el de los medios que pueden orientarla hacia una de ellas.

La forma en que se adoptan las decisiones colectivas define un régimen político. En democracia, esas decisiones se adoptan con publicidad. Un régimen democrático es un régimen de decisiones públicas, que abre un proceso de discusión sobre ellas, crea canales de comunicación y participación entre gobernantes y gobernados y define, en último término, la orientación de un poder político responsable, fundado en el consentimiento.

Un régimen así es incompatible con la creencia en alcanzar logros perfectos y definitivos; tal creencia —de raíz totalitaria— encamina hacia paraísos artificiales más allá del logro posible y dota al progreso de un carácter abstracto e ilusorio. Las democracias son perfectibles y abiertas a la crítica; los infiernos totalitarios, por el contrario, no dejan más opción que someterse o rebelarse.

Revolución tecnológica

Cualquier reflexión sobre el mundo de hoy que oriente una política razonable —a la altura de las circunstancias— debe apreciar en toda su dimensión el fenómeno más notorio de nuestro presente. Vivimos un momento de transformación sin precedentes. En muchos textos —de investigación o divulgación— se nos dice que vivimos en la «cuarta revolución industrial». Quiere decirse que hubo otras revoluciones industriales, ya pasadas, que podemos conocer con perspectiva histórica. Todas ellas tuvieron consecuencias políticas; desde el imperialismo decimonónico hasta nuestro convulso presente, la pauta se repite: las transformaciones tecnológicas tienen siempre un impacto político.

La primera Revolución Industrial fue producto de tres cambios. El esfuerzo del hombre fue sustituido por el de la máquina; se pasó de lo manufacturado a lo fabricado, y la energía inanimada reemplazó a la animada: calor, vapor, electricidad. Empieza en el siglo XVIII y se da por acabada en el XIX con el desarrollo de las grandes industrias: la eléctrica entre otras. Toda esa inmensa Revolución Industrial tiene una base científica muy escasa. Es producto de los inventores y de los inventos: el pararrayos de Franklin, la máquina de hilar de Hargreaves, la bombilla de Edison.

En la segunda revolución, la industria se encuentra con la ciencia y ese maridaje produce la técnica: será una revolución técnica. Muchas lentas investigaciones concluyen en un descubrimiento sencillo y un perfeccionamiento constante. Pero la ciencia progresa no solo en nuevas aplicaciones, sino en la propia renovación: se pasa de la física de Newton a la física de Einstein. La Segunda Guerra Mundial promueve un desarrollo de urgencia que abrirá una nueva etapa en la historia de la humanidad: la era nuclear. Desde 1940 laboran en dirección semejante los dos equipos beligerantes. En 1943 el equipo aliado trabaja en los Estados Unidos. La primera prueba se realiza en Nuevo Méjico el 16 de julio de 1945. En la Conferencia de Potsdam se acuerda —no por unanimidad— utilizar el arma contra Japón. Caen las bombas atómicas sobre Hiroshima y Nagasaki. La experiencia se continúa en la explosión subacuática de Bikini. La primera bomba H se ensaya en el Pacífico en 1952.

La tercera revolución fue la de lo digital, en curso desde mediados del siglo XX con el alumbramiento de la cibernética. A la «cuarta revolución», concepto de acuñación reciente, la caracterizan avances emergentes en estos campos: robótica, inteligencia artificial, nanotecnología, computación cuántica, biotecnología, internet de las cosas, impresión 3D y vehículos autónomos.

Esta última revolución suscita problemas nuevos. No problemas industriales, científicos o técnicos, sino problemas humanos, antropológicos. El reto es inédito, pero la posibilidad de una respuesta está incoada en el humanismo occidental. La industria y la ciencia han ido aumentando incesantemente el poder del hombre. Cuando se alcanzó la desintegración de la materia, el filósofo E. Mounier escribió: «He aquí que, en el camino, nos esperaba una gran sorpresa; hemos adquirido un poder único, inverso de todos los demás: el de acabar con la humanidad; esto es, con su poder de crear poderes. ¡Solemne momento!».

Ahora vivimos otro «momento solemne», tal vez aún más solemne. El hombre puso en marcha la técnica, pero ¿podrá dominarla? Suele evocarse la leyenda del aprendiz de brujo, tema de una balada de Goethe, un poema sinfónico de Dukas y de los dibujos animados de Walt Disney. El aprendiz, ausente el maestro nigromante de la tienda, pronuncia las palabras mágicas que convierten la escoba en un ser animado. Pero acaba olvidando las palabras que la detienen y la devuelven a su quietud de instrumento. El desafío de una eventual insubordinación de la técnica no es desconocido en la tradición occidental, donde encontró expresión filosófica y artística.

Esta revolución tecnológica suscita, como toda revolución, las esperanzas más desorbitadas, al tiempo que despierta los más hondos temores. La inteligencia artificial es realmente revolucionaria: desde la irrupción de ChatGPT en nuestras vidas, se nos anuncia lo mejor y lo peor. Para algunos, la IA generativa, capaz de resolver problemas cada vez más complejos, multiplicará el potencial de la inteligencia humana. Para otros, reducirá la conciencia, sometiéndonos a los poderes opacos del algoritmo. «El progreso y la catástrofe son el anverso y el reverso de la misma moneda», enfatizó Hannah Arendt, diagnosticando muchas ansiedades y vaticinando las nuestras de hoy. Porque el progreso que ofrece la IA ya está aquí. En la industria o el transporte, el uso de la IA abre oportunidades inmensas para aumentar la productividad y reducir las emisiones de carbono, ratificando que el futuro no está en el decrecimiento, sino en los recursos ofrecidos por la ciencia cuando se utiliza bien.

Sin embargo, la IA puede servir o traicionar la raíz de nuestra civilización. Son incontables los abusos éticos que pueden imaginarse a partir de un potencial tecnológico puesto al servicio de fines perversos. De hecho, la IA implica probables convulsiones antropológicas. Y de ahí la legitimidad de la política para ocuparse de ella. Le corresponde hacer frente a los inmensos retos que plantea la IA, sin caer en rutinas bien conocidas: por ejemplo, la de la regulación «por aplastamiento», que fabrica normas exhaustivas sin discriminar su objeto. Deberíamos ser capaces de regular sin asfixiar.

Avanzo una opinión: los dos grandes escollos que debemos evitar aquí son el absoluto descontrol y el control absoluto. Estados Unidos, donde las compañías tecnológicas libran una competencia sin cuartel, parece moverse hacia lo primero. Desde hace tiempo. Antes de la llegada de Trump a la Casa Blanca, Biden ya firmó órdenes ejecutivas que dejaban la regulación de la IA en manos de las empresas. En cuanto al control dirigista, China es un ejemplo flagrante en todo lo relacionado con los contenidos generados por la IA: el régimen chino tiene publicadas veinticuatro reglas para garantizar el respeto a «los valores fundamentales del socialismo».

Habría que recordar que regular no es prohibir. Se pueden establecer reglas diferenciadas según el sector; garantizar a cada uno lo que tiene derecho a esperar: criterios de transparencia reales para el usuario y vastos ecosistemas de crecimiento para el innovador. Sería deseable que Europa pudiera estar a la altura de este desafío. Reconociéndose en su realidad de gigante regulatorio pero enano geoestratégico, la Unión Europea no debe recaer en el error de sacrificar la posibilidad de aumentar sus capacidades por un control excesivo. En 2023, según la OCDE, de los 110.000 millones de dólares en inversiones de capital riesgo en *start-ups* de IA, Estados Unidos representó 68.000 millones de dólares, frente a los 15.000 millones de China y los poco más de 8.000 millones de los veintisiete socios de la Unión Europea. Desde entonces, esa brecha no ha dejado de aumentar.

Nada está escrito, porque la IA sigue desarrollándose. Pero algo es seguro: solo a escala continental podremos enfrentar este reto. La financiación pública movilizada en objetivos nacionales de IA, en cualquier Estado miembro de la Unión, se queda muy lejos de los 4.000 millones que Amazon decidió invertir en la compañía Anthropic en septiembre de 2023. Europa es la escala correcta, siempre que se tomen las decisiones correctas.

Competencia por la hegemonía

Siempre ha habido un pensamiento ingenuo que imagina la paz como independiente de la política y cree que predicar la fraternidad universal basta para que se acaben las disensiones entre Estados. Pero quien entiende la naturaleza de lo político no sacrificará las posibilidades de la paz para secundar ensoñaciones ingenuas. No podrá adherirse a la cándida opinión de que la paz solo es cuestión de generosidad. Se puede ser indulgente respecto al pacifismo sentimental de un particular, pero no con los errores cometidos por quienes tienen entre sus manos la responsabilidad de establecer la paz.

Si consideramos las condiciones de una eventual paz mundial, hay que tomar en cuenta en primer término la situación dada, es decir, las reglas y normas en vigor, las alianzas y ententes amistosas existentes. Sería insensato aplazar indefinidamente toda negociación en espera de la elaboración de un derecho internacional perfecto o incluso satisfactorio; no existirá jamás. En todas las épocas, la paz se ha concluido sobre bases que estaban lejos de responder a la exigencia de la idealidad y de la pureza racional de la norma ética y jurídica. El derecho internacional es variable en sus modalidades, se asienta sobre fundamentos precarios y, sin duda, así seguirá siendo en tanto que exista una pluralidad de Estados independientes. Por lo demás, como nos advierte el realismo político de Raymond Aron y los pensadores que anteponen la lucidez a la ideología, el conflicto es inherente a la naturaleza humana y a las relaciones de poder. Una política que cuente con la realidad tratará de encauzarlo; los utopistas, cuando fantasean «resolver» un conflicto, suelen agravarlo.

Parte de las críticas dirigidas contra la ONU está justificada, y no podemos ilusionarnos sobre las aptitudes y la competencia de esta institución para promover una paz sólida y definitiva. No es menos cierto que las instituciones internacionales existen y que en sus recintos se realiza una cierta política, feliz o deplorable. Por tanto, quiérase o no, la sana razón exige de los responsables de la política mundial que no hagan abstracción de estos factores, porque no se resuelven los problemas planteados por esas organizaciones a base de sarcasmos.

La segunda condición requiere que se valoren las consecuencias posibles de nuestra situación, haciendo entrar en el cálculo previsiones geopolíticas elementales. Tales previsiones tienen que partir de un diagnóstico claro de la situación. Hoy no resulta fácil hacerlo, porque vivimos uno de esos momentos de máxima inestabilidad que preceden a los nuevos equilibrios.

Escribo estas páginas en los inicios del nuevo mandato del presidente Trump. Perduran en la frontera este de Europa y en Oriente Próximo dos conflictos bélicos, y todavía es una incógnita la opción estratégica por la que optará Estados Unidos. Se abre paso la conciencia de estar viviendo el prólogo de una nueva guerra fría. Librada entre Estados Unidos y China, contendientes regidos por sistemas políticos incompatibles.

A diferencia de la primera Guerra Fría —observó hace no mucho Henry Kissinger—, ahora no existe un desnivel económico abrumador entre las potencias rivales y los arsenales armamentísticos son mucho más aterradores, sobre todo desde la aparición de la inteligencia artificial.

La invasión rusa de Ucrania también puede contemplarse como una guerra adelantada entre las dos grandes potencias que se disputan la hegemonía en el siglo XXI. Y no son pocos quienes la consideran ya como un primer acto o el preámbulo de esa confrontación. Las cadenas se rompen siempre por su eslabón más débil y este no se halla en el Indo-Pacífico, sino entre la Unión Europea y Rusia, en el territorio de Ucrania, en una «contradicción secundaria». Al igual que ocurría en la Guerra Fría, en la que jamás se enfrentaron directamente la Unión Soviética y Estados Unidos (salvo en la crisis de Cuba), pero sí lo hicieron en muchos otros escenarios, ya fuera en Asia, en África o en América Latina; una miríada de «pequeñas guerras» calientes acompañó como trasfondo el desarrollo de la Guerra Fría, hasta su conclusión.

Las consecuencias de la invasión de Ucrania las estamos viviendo: Europa, excesivamente dependiente del gas ruso, tuvo que afrontar una profunda crisis energética con afectación de los precios en todo el mundo. Ese impacto, a su vez, desencadenó una crisis económica y disparó la inflación (en parte, producto de políticas monetarias expansivas anteriores) en algunos países que, como España, venían arrastrando una deuda pública excesiva.

Se ha ido produciendo una revisión global de políticas económicas, comerciales y energéticas, cuando la guerra evidenció las carencias de la política europea: su dependencia excesiva del aprovisionamiento ruso, su déficit de coordinación y consenso y la falta de interconexiones en territorio europeo. Desde la invasión, se habla de «autonomía estratégica» y se prioriza el aseguramiento de un suministro libre del vasallaje industrial a Putin: la geopolítica está forzando un ajuste de cuentas con las ilusiones irenistas de Europa, así como entre las ambiciones energéticas de mañana y las necesidades energéticas de hoy.

Crisis energética, inflacionaria, y también de seguridad global. Es como si nos hubiéramos retraído a un mundo de «tres tercios», los tres tercios en que se dividió la Asamblea General de Naciones Unidas al votar la condena de la invasión rusa. Siendo cierto que solo cinco países apoyaron a Rusia y ciento cuarenta y uno la condenaron, si tenemos en cuenta la población que representaban unos y otros, un 36 por ciento de la población del mundo condenó la invasión, un 32 por ciento la apoyó y otro 32 por ciento se abstuvo.

Y algo más: crisis de confianza. La guerra de Ucrania debilita la confianza básica que sustenta el orden internacional, porque debilita la credibilidad de los tratados de defensa firmados por Occidente. Si no se respetó el Memorándum de Budapest, ¿se respetarán los demás tratados? Si Estados Unidos abandonó Afganistán como lo hizo y se replantea los límites de su ayuda al esfuerzo de guerra ucraniano, ¿qué pensar de su capacidad de disuasión? ¿Qué haría ante una eventual agresión china en Taiwán?

Pero, sin duda, lo más preocupante es que se ha roto el tabú que envolvía la guerra nuclear, de la que no se hablaba desde 1991. Durante la guerra, altos cargos militares rusos se han encargado de ampliar la amenaza hablando irresponsablemente del uso posible de armas nucleares, tácticas o no. Las palabras cuentan, y, con esa referencia, Putin estaba alterando radicalmente la lógica de la disuasión nuclear. Lógica que hasta ahora se basaba en la destrucción mutua asegurada (MAD). Era una lógica defensiva. Pero ahora Putin amenaza con escalar a la guerra nuclear para que se le permita desarrollar una brutal guerra convencional; la lógica de la disuasión nuclear rusa pasa a ser ofensiva.

Si se gana la guerra en Ucrania, podremos aspirar a una paz justa, vindicadora del derecho internacional y propiciadora del equilibrio entre China y Estados Unidos, la única paz realista hoy por hoy. Pero si se pierde y Putin obtiene un saldo vencedor, eso fortalecerá a las autocracias de todo el mundo, y en primer lugar a China; en tal caso, lo que es un declive pronunciado pasará a ser una decadencia en toda regla: la libertad estará a la defensiva en todo el mundo.

Cuando se escriben estas páginas, el conflicto desatado por Hamás en octubre de 2023 amenaza con tomar proporciones regionales. Es difícil anticipar el curso que puedan tomar los acontecimientos a partir de ahora. En todo caso, aquí me basta con manifestar una toma de posición. El 7 de octubre de 2023 el mundo asistió horrorizado a un bárbaro pogromo en territorio israelí; la mayor matanza de judíos desde el Holocausto. Más de 1.200 hombres y mujeres de toda edad y condición fueron masacrados y más de doscientos rehenes sometidos a cautiverio en los túneles de Gaza, a manos de los terroristas de Hamás. Tamaña atrocidad no concierne solo a Israel. El 7 de octubre nos obliga a tomar conciencia y dar respuesta a una brutalidad sin precedente.

La operación desplegada por el ejército israelí es consecuencia directa de la barbarie que asoló el sur de Israel la madrugada del 7 de octubre de 2023. Y tal barbarie no fue expresión de la tradicional reivindicación territorial palestina, que se remonta a 1948. No: fue la salvaje expresión de un ánimo resuelto a exterminar al enemigo judío y sionista. Por desgracia, una vez más, el terrorismo consiguió abrir brecha en nuestras sociedades. Hemos asistido a lo largo y ancho de Europa a un rebrotar de actos antisemitas; la prédica del odio está envenenando campus universitarios, medios de comunicación y tribunas políticas. Una retórica desinhibida e intimidante trastoca las evidencias: en muchos discursos, un terrorista es un combatiente de la resistencia, la violación es una forma de lucha, y a la respuesta bélica a una agresión atroz se le llama genocidio, alimentando el odio a los judíos por todo el mundo. La extrema izquierda no recata pronunciamientos, actitudes y posiciones antisionistas y antisemitas. Todas sus luchas «interseccionales» —por las mujeres, las minorías, las orientaciones sexuales alternativas, etc.— no tienen jurisdicción en Israel.

En esta guerra y en la paz que la suceda, Israel no puede estar solo. Occidente no debe resignarse ni capitular. El dilema moral a que aboca el 7-O determinará el futuro de las naciones democráticas. Vencer en ese conflicto al terrorismo islamista implica condenar en toda su dimensión la masacre del 7 de octubre y la intención genocida de quienes la promovieron; implica el compromiso de reconocer el combate contra el terrorismo islamista como causa universal; implica amparar a sus víctimas y adoptar acciones concretas para luchar contra toda expresión de antisemitismo. No es ni será aceptable la normalización política de los verdugos.

Las cinco claves del pensamiento estratégico

Intento dibujar el mapa de nuestra circunstancia política. ¿Dónde nos encontramos? Mi respuesta es que estamos asistiendo a un cambio de era que tiene como coordenadas una revolución tecnológica enormemente disruptiva y una reconfiguración en ciernes del tablero geopolítico.

Esta es la posición de partida. Desde aquí, ¿qué rumbo escoger? Yo diría que el futuro de cualquier ente político hoy por hoy depende, en buena medida, de cinco factores que determinan su viabilidad. Los enuncio así: demografía, capacidad tecnológica, capacidad militar, potencial económico y potencial cultural. En los capítulos que siguen, cuando hable de Occidente, de Europa o de España, iré combinando en mi análisis alguno de estos factores o su conjunto. Avanzo ahora algunas consideraciones preliminares sobre cada uno de ellos.

Demografía

Nuestra demografía declinante es un síntoma que debiera preocuparnos a todos. El más somero vistazo histórico confirma esta verdad: las sociedades perduran cuando se consagran a las generaciones futuras, y se derrumban cuando los vivos consumen la herencia de los que aún no han nacido.

La demográfica es otra de las revoluciones que acompañan el cambio de era que estamos viviendo y, en parte, lo explican. Aunque tal vez habría que hablar de involución. Son muchos los sociólogos y demógrafos que nos alertan ante la llegada inminente de una «era de la despoblación». Por primera vez desde la peste negra, en el siglo XIV, se nos anuncia que la población del planeta disminuirá. Pero si la última implosión fue causada por una enfermedad mortal, la que se avecina se debe enteramente a decisiones humanas.

Con la caída en picado de las tasas de natalidad, cada vez más sociedades se dirigen a una era de despoblación generalizada e indefinida. Vamos a un mundo de sociedades que se encogen y envejecen. La mortalidad neta —situación producida cuando una sociedad experimenta más muertes que nacimientos— será nuestra «nueva normalidad».

Una situación para la que nos falta memoria colectiva. Las cifras globales de población disminuyeron por última vez hace unos setecientos años, a raíz de la peste bubónica que arrasó gran parte de Eurasia. En los siete siglos siguientes, la población mundial casi se multiplicó por veinte. Y en el último siglo, la población humana se ha cuadruplicado. La última despoblación mundial fue revertida una vez que la peste negra remitió. Esta vez, la escasa fertilidad es la causa de la disminución del número de seres humanos, una novedad en la historia de la especie. Una fuerza revolucionaria impulsa la inminente despoblación: la reducción mundial del deseo de tener hijos.

La fertilidad mundial se ha desplomado desde la explosión demográfica de la década de 1960. Durante más de dos generaciones, los niveles medios de maternidad en el mundo han descendido incesantemente, a medida que un país tras otro se sumaba a la disminución. Según la División de Población de las Naciones Unidas (PNUD), la tasa total de fertilidad del planeta fue solo la mitad en 2015 que en 1965.

Durante medio siglo, las tasas globales de fertilidad de Europa han sido continuamente sub-sustitutivas. La fertilidad rusa cayó por primera vez por debajo del reemplazo en la década de 1960, durante la era de Brézhnev, y desde la caída de la Unión Soviética, Rusia ha sido testigo de 17 millones más de muertes que nacimientos. Al igual que Rusia, los 27 países de la actual Unión Europea están un 30 por ciento por debajo de la tasa de reemplazo. Juntos, sumaron poco menos de 3,7 millones de nacimientos en 2023, frente a los 6,8 millones de 1964.

En 2023, Francia registró menos nacimientos que en 1806, el año en que Napoleón ganó la batalla de Jena; Italia reportó el menor número de nacimientos desde su reunificación en 1861; y España, el menor desde 1859, cuando comenzó a recopilar las cifras modernas de nacimientos. Polonia tuvo su menor número de nacimientos en la era de la posguerra en 2023; lo mismo que Alemania.

La Unión Europea es una zona de mortalidad neta desde 2012, y en 2022 registró cuatro muertes por cada tres nacimientos. El PNUD ha marcado 2019 como el año pico para la población de Europa y ha estimado que, en 2020, el continente entró en lo que se convertirá en un declive demográfico a largo plazo.

Estados Unidos sigue siendo la principal excepción entre los países desarrollados. Con niveles de fertilidad relativamente altos para un país rico (aunque muy por debajo del reemplazo: poco más de 1,6 nacimientos por mujer en 2023) y flujos constantes de inmigrantes, Estados Unidos ha exhibido un cierto excepcionalismo demográfico. Pero incluso en este país, la despoblación ya no es impensable. En 2023, la Oficina del Censo proyectó que la población de Estados Unidos alcanzaría su punto máximo alrededor de 2080 y entraría en una disminución continua a partir de entonces.

Las implicaciones sociales y económicas pueden imaginarse. Habrá menos trabajadores, emprendedores e innovadores, y más personas que dependerán de la atención y la asistencia. No vaticino una sentencia de muerte, sino un contexto nuevo y difícil en el que tendremos que encontrar fórmulas nuevas para salir adelante. Una política a la altura de las circunstancias será imprescindible para hacer frente a los desafíos sociales y económicos de sociedades que envejecen y territorios que se despueblan.

¿Están los responsables políticos preparados para este nuevo orden demográfico? Aún no es demasiado tarde para que los líderes reconozcan la fuerza aparentemente imparable de la despoblación y ayuden a sus países a tener éxito en un mundo progresivamente encanecido.

A medida que las personas vivan más tiempo y se mantengan saludables hasta la vejez, se jubilarán más tarde. La actividad económica voluntaria a edades cada vez más avanzadas hará que el aprendizaje a lo largo de toda la vida sea imperativo. Los Estados y las sociedades tendrán que garantizar que los mercados laborales sean flexibles, reduciendo las barreras de entrada, dando la bienvenida a la rotación, eliminando la discriminación por edad, dada la urgencia de aumentar la productividad de una fuerza laboral menguante. Para fomentar el crecimiento económico, los países necesitarán avances científicos e innovaciones tecnológicas aún mayores.

La prosperidad en un mundo despoblado también dependerá de las economías abiertas, del libre comercio de bienes, servicios y finanzas para contrarrestar las limitaciones que de otro modo engendrarían las poblaciones en declive. El movimiento de personas adquirirá una nueva relevancia económica. A la sombra de la despoblación, la inmigración importará aún más de lo que importa hoy.

Sin embargo, no todas las sociedades envejecidas serán capaces de asimilar a los jóvenes inmigrantes o de convertirlos en ciudadanos leales y productivos. Y no todos los migrantes serán capaces de contribuir eficazmente a las economías receptoras. Las estrategias migratorias pragmáticas serán beneficiosas para las sociedades despobladas, reforzando su fuerza laboral, sus bases impositivas y el gasto de los consumidores.

La despoblación no solo transformará la forma en que los Gobiernos tratan a sus ciudadanos; también transformará la manera en que se relacionan entre sí. Y alterará inexorablemente el actual equilibrio de poder global. Una de las certezas demográficas sobre la generación venidera es que las diferencias en el crecimiento de la población provocarán cambios rápidos en el tamaño relativo de las principales regiones del mundo.

De hecho, gracias, en gran medida, a la inmigración, Estados Unidos está en camino de representar una proporción cada vez mayor de la fuerza laboral y el talento cualificado a escala global. Ninguna otra población del planeta está en mejor posición para traducir el potencial demográfico en poder nacional, y parece que esa ventaja demográfica será al menos igual de grande en 2050, si no se opta por medidas políticas contraproducentes.

Capacidad tecnológica

Ya me he referido más arriba al impacto no solo económico, político y social de la revolución tecnológica, sino a su trascendencia antropológica. En el capítulo que dedique a estos temas tendré que abordar implicaciones realmente existenciales del uso de las nuevas tecnologías. Aludiré al repertorio de temas suscitados por el transhumanismo, la biotecnología o el uso militar de la inteligencia artificial.

Debemos ponderar las oportunidades y los riesgos que las nuevas herramientas tecnológicas nos brindan. No podemos descolgarnos del progreso, ni de una competición en la que la IA hace mucho que se inserta en los métodos productivos de todas las potencias desarrolladas. Y, al mismo tiempo, tenemos que ser conscientes de los riesgos implicados. La inteligencia artificial ha alcanzado un nivel sin precedentes. ¿Se trata de una innovación emancipadora o de una esclavitud tecnológica? Sea como fuere, esta revolución plantea numerosas cuestiones éticas y jurídicas. ¿Tendrá la política recursos suficientes para reaccionar ante este maremoto mundial?

Potencial económico

No es menor el desafío económico que tenemos por delante. Europa tiene que retomar una senda de equilibrio en los presupuestos nacionales y generar un mayor crecimiento que permita financiar el coste creciente de su modelo de bienestar.

La Unión Europea debe ser consciente del entorno de competencia global en el que opera. Muchos programas tendrán que adecuarse a esta ineludible realidad; otros tendrán que someterse a una rigurosa evaluación que dé cuenta de su rendimiento efectivo: el empleo nacional de los fondos Next Generation, por ejemplo, debe ser contrastado, evaluado y publicado.

Ahora que Europa se enfrenta a retos geopolíticos sin precedentes, ha llegado el momento de asumir que perderemos toda capacidad de iniciativa si permitimos que continúe un doble declive económico que se acelera a ojos vista: el de Europa en el mundo, y el de España en Europa.

Medido en términos de renta per cápita, el crecimiento español a base de gasto público, ingresos provenientes del turismo y fondos europeos tiene más de globo que de «cohete»; sus fundamentos no parecen a resguardo de un cambio de coyuntura. El proceso de convergencia con Europa se ha revertido: el PIB per cápita representó en 2023 el 88 por ciento de la media de la Unión y se mantuvo 16 puntos por debajo del promedio de la zona euro (104 puntos).

Por lo demás, Europa pierde posiciones respecto al resto de los actores globales. El informe encargado por la Comisión Europea a Mario Draghi, y que lleva por título «El futuro de la competitividad europea», habla de una «lenta agonía» si no se reacciona pronto. Una lenta agonía es también la sensación de muchos emprendedores que se enfrentan a un marco regulatorio asfixiante. Se tiene la sensación de estar transitando de un sistema económico de mercado en el que el principal reto de una empresa es satisfacer a sus clientes negociando con sus proveedores, a un sistema económico en el que el primer reto de un empresario es gestionar la normativa buscando subvenciones para ello.

La Unión Europea era estructuralmente, hace no tanto, un poderoso exportador. En 2022, ya tenía un déficit comercial de más de 400.000 millones de euros; sin duda, vinculado a la crisis energética, pero, sobre todo, a numerosas barreras a la producción, fruto de ciertas políticas. Ya se trate de la agricultura, de los proyectos de «restauración de la naturaleza», o de algunos diseños referidos a la transición energética, nuestra competitividad acaba minada muchas veces por decisiones propias. Me parece que hay que poner un límite muy claro a discursos que se traducen en políticas contraproducentes. Y eso significa oponerse resueltamente a los programas de decrecimiento. No debería aprobarse ningún proyecto que obstaculice la producción; el nuevo Parlamento Europeo elegido en 2024 tendría que someter a este criterio todas las directivas y reglamentos vigentes que pesan sobre nuestras empresas.

Durante mi etapa de gobierno, España e Italia, junto con el Reino Unido, iniciaron el esbozo de una tríada en el seno de la Unión Europea. Compartíamos entonces un planteamiento europeísta de gran envergadura que hiciera compatibles la permanencia de los Estados-nación en una Europa integrada, la liberalización económica del continente y el refuerzo del vínculo atlántico. Esa convergencia fue fructífera porque abrió paso, entre otras iniciativas, a las propuestas de reforma económica conocidas como Agenda de Lisboa, que tenían como objetivo convertir Europa en la economía basada en el conocimiento más competitiva y dinámica del mundo.

Se abandonó ese camino. A mi juicio, un grave error que inició un largo declive. Hasta hoy. No se concibe que Europa, Japón o Estados Unidos persistan en una inercia que en el medio plazo conduce a deudas que desbordan por completo sus capacidades productivas, Gobiernos limitados a mantener clases pasivas y economías sin espacio para el dinamismo, el crecimiento o la juventud. Los principios de una sana economía han sido calumniados: se daban por anticuados y solo eran antiguos, es decir, acreditados por el tiempo.

Una moneda sana y sólida no es ninguna «ilusión»; un presupuesto equilibrado, no puede ser despreciado como «fetichismo fiscal»; ni el temor a la deuda despachado como «supersticioso». La intervención pública en la economía, acogida como panacea y menú cotidiano por los defensores del estatismo, simplemente representa la respuesta a ciertas situaciones específicas y, por tanto, transitorias: una medicina amarga cuyo abuso puede intoxicar.

Capacidad militar

España y Europa tienen por delante otro desafío estratégico inmenso, el de nuestra seguridad colectiva. En el escenario actual, Europa no puede eludir una respuesta audible y comprensible a nivel global, si no quiere verse reducida de su condición de actor histórico a la de paisaje poshistórico. Eso pasa por una revisión drástica de nuestro gasto en defensa, que garantice nuestra seguridad colectiva en un mundo cada vez más peligroso. Hoy el irenismo ingenuo se paga muy caro. Cuando la hemeroteca de un político con responsabilidades de gobierno registra afirmaciones como que el Ministerio de Defensa sobra, siempre hay quien toma buena nota y, más tarde, pasa la factura. Son actitudes que nunca salen gratis.

Con independencia de la evolución a corto plazo del conflicto ucraniano, Rusia y China no dejarán de ser, de la noche a la mañana, una constante prueba de fuego para la cohesión interna de la Unión y un recordatorio de que, en el mundo de hoy, se acabó el narcisismo autorreferencial.

En el teatro bélico ucraniano se están pudiendo observar cambios de paradigma en la seguridad y la defensa. La impresión aditiva, los diferentes modelos de vehículos autónomos no tripulados —se habla de una «guerra de drones»—, los perros robots o las redes sociales, se han hecho presentes en el campo de batalla. Todos estos avances tecnológicos han aumentado aún más el ritmo y la velocidad de la guerra y aparejan nuevas capacidades, como las armas de energía dirigida, la nube de combate multidominio o los modelos públicos de robots humanoides.

Igualmente inquietantes son los nuevos conceptos que empiezan a manejarse en este ámbito, derivados de la neurotecnología y del discurso transhumanista; conceptos inesquivables al explorar la interacción entre la tecnología avanzada y las capacidades humanas.

Potencial cultural

La supervivencia de una sociedad depende, en buena medida, de su capacidad de transmisión cultural. De ahí la trascendencia de cualquier política educativa: hablamos de la principal inversión social que puede hacerse, aquella cuyo acierto o fracaso comprometerá el largo plazo de la comunidad a que se refiera. Por cultura entiendo aquí algo distinto a la indispensable instrucción académica; aludo a un capital de conocimiento humanístico que se transmite de generación en generación y que constituye la raíz de la identidad de un pueblo o de una civilización. En ese sentido, la cultura tiene una relevancia eterna. Es lo que el poeta francés Charles Péguy quería decir cuando escribió: «Homero es nuevo esta mañana y tal vez nada sea tan viejo como el periódico de hoy». Mario Vargas Llosa, mi querido amigo, expresaba algo parecido cuando recordaba que aprender a leer era lo más importante que le había pasado.

Hasta aquí he venido haciendo una recensión de nuestra circunstancia que se parece mucho a un catálogo imponente de problemas tan apremiantes como complejos. Afrontarlos con ciertas garantías exigirá perspectiva histórica, espíritu crítico, juicio maduro. Eso que nos es familiar en las personalidades que reconocemos como «espíritus cultivados», cultos. También en política. Gracias a su vasta cultura, que había moldeado su libertad de juicio, Cánovas, Churchill o De Gaulle pudieron tomar decisiones que todavía admiramos por su lucidez y valentía.

La tan denostada «cultura general» me parece más necesaria que nunca, ahora que, según filósofos como Gaspard Koenig, por primera vez nos enfrentamos a una «ruptura epistemológica», a una ruptura con el acto de conocimiento. Por ejemplo, ChatGPT no menciona sus fuentes: no podemos detectar sistemáticamente si la información está ideológicamente orientada; la incultura deviene así un factor decisivo de manipulación.

Por otro lado, la cultura es también el territorio en que se libra una «batalla cultural» específica. La nueva izquierda posmoderna, abonada al pensamiento de la deconstrucción, impugna todo patrimonio heredado —la cultura lo es— como una usurpación o un privilegio. En su discurso, la cultura clásica es fuente de «alienación», un arma en manos de la burguesía para fabricar usos, costumbres y convenciones de los que debemos emanciparnos. Un fardo arrojado sobre nuestras espaldas por esa legión de «hombres blancos muertos» que debe ser «cancelada» sin contemplaciones.

Frente a ese nihilismo contracultural habría que decir que la cultura nos transforma, pero no para hacernos otros, sino para conducirnos de regreso a nosotros mismos, aumentar nuestras propias capacidades y hacernos reconocer lo que somos. Calificarla de engorroso equipaje es ignorar la necesidad de su mediación para hacernos auténticamente humanos.

La cultura importa, el aprendizaje importa, el esfuerzo importa. La práctica habitual en nuestra relación con los contenidos culturales es la descarga de datos, cuya duración nos gustaría reducir a nada, para llegar a una inmediatez que nos obsesiona. Tener toda la información, en cualquier lugar, inmediatamente, a un clic de distancia, y reducir constantemente el número de estos clics: esta es la utopía contemporánea. La lógica informática es exactamente el reverso de la lógica lectora. Navegar en la red es casi siempre divagar sin fin; leer es fijar la atención en un texto limitado, que rehúsa cualquier otra interacción que no sea prestarle atención, someterse a él. La instantaneidad de nuestro universo de información continua nos hace más o menos incapaces del esfuerzo paciente que representa la lectura. Muchos profesores me lo han explicado a menudo: para que los alumnos lean un libro hay que sugerirles que se salten los fragmentos áridos. El resultado es obvio: después de varios cursos de escuela secundaria, una gran mayoría de los estudiantes llegan al último año sin haber leído nunca un libro completo.

Esta falta de transmisión cultural es un crimen de leso humanismo, un atentado a lo que somos. ¿Qué quedará del ser humano cuando toda la cultura haya sido deconstruida? ¿La barbarie? Los antiguos griegos usaban esta palabra para designar a los pueblos a los que ninguna civilización parecía haber humanizado. Sin duda, esos pueblos eran simplemente de otras lenguas, desconocidas para ellos. Pero la palabra bárbaro sigue siendo relevante. La característica del bárbaro es que no ha recibido nada que satisfaga su propia naturaleza. En particular, no ha heredado un lenguaje que le permita desplegar su capacidad de hablar, de entrar en relación con el otro. Y aquellos que carecen de palabras para expresarse suelen hacerlo recurriendo a la violencia. La brutalidad de la barbarie: eso es todo lo que queda del hombre cuando deserta de la cultura.

Una brújula que apunta a la Libertad

Hasta aquí he querido encuadrar sumariamente, pero con el máximo rigor a mi alcance, el panorama de nuestra circunstancia. La he definido a partir de dos fenómenos que se imponen a la atención por su volumen: una revolución tecnológica que marca una cesura en la historia de la humanidad y una alteración del tablero geoestratégico global que desafía y está trastocando lo que se llamó el «orden liberal mundial» tras el colapso soviético. Técnica disruptiva y regreso de la historia.

Desde esas coordenadas he repasado las cinco claves que me parecen factores de viabilidad de cualquier cuerpo político. En sucesivos capítulos aplicaré ese esquema de análisis para examinar la circunstancia política de Occidente, Latinoamérica, Europa y España, respectivamente. He dibujado el mapa de un territorio inquietante. Propongo ahora la brújula que me parece más orientadora para transitarlo.

Toda política es una propuesta de acción sobre una circunstancia histórica dada. Al comienzo dije que hacer política es elegir entre diversas posibilidades. Las que consienta la realidad. Pero el margen que ofrece la realidad nunca es tan estrecho que no abra un abanico de opciones. En una democracia esas opciones representan no solo un dato, sino un valor: el pluralismo. Elegir una opción política es preferir un valor. Las ideas importan y creo necesario un retorno del pensamiento político. Sustento esta convicción desde hace bastantes años. Con ese propósito se constituyó FAES, la fundación que sigo presidiendo.

Todo pensamiento político digno de tal nombre se basa en un planteamiento abstracto que proporciona un marco estable para comprender cuestiones prácticas renovadas constantemente.

Creo que el liberalismo conservador sigue siendo la persuasión política —no me gusta emplear el término «ideología»— más conveniente para el espacio de centroderecha. Ese ideario tiende a adoptar una visión del mundo basada en el orden y la libertad.

En 2025 conmemoraremos el centenario de la muerte de Antonio Maura, una de mis referencias políticas. Autor de expresiones muy felices, a él se debe una que me parece tener, adaptada a nuestra circunstancia, plena vigencia: «La libertad se ha hecho conservadora». Cuando muchos, a derecha e izquierda, dan por enterrado el liberalismo, en un momento de cambio radical que amenaza llevarse por delante tantas tradiciones, me atrevo a izar la bandera de un liberalismo conservador que estimo más pertinente que nunca.

Precisamente por ser la convulsión contemporánea de una escala e intensidad sin precedentes, porque todo parece estar en estado de flujo, porque se apela a la reconstrucción radical de las estructuras sociales, precisamente por todo eso, es imprescindible recordar que la sociedad está hecha de seres humanos, no de ladrillos y mortero; que no alcanzamos un conocimiento exhaustivo que permita la planificación racional de los esfuerzos colectivos; que la sociedad no es un mecano manipulable a voluntad según el criterio particular del ingeniero al mando.

En un mundo en transformación —especialmente en un tipo de mundo así—, la disposición conservadora tiene algo particularmente importante que aportar: recordarnos que el hombre es un ser sumamente valioso por su dignidad inherente, y no puede considerarse como materia prima disponible para el reformador social. La prudencia conservadora nos advierte de que el peligro que corremos no proviene tanto de nuestra inhabilidad para adaptarnos a un cambio rápido como de nuestra incapacidad, por la rapidez de ese cambio, para mantener las normas de conducta que la experiencia ha revelado necesarias para nuestro bienestar.

Por algo el mismo economista —uno de los más brillantes del siglo XX— que acuñó la expresión «destrucción creativa» para describir el desarrollo capitalista, Joseph A. Schumpeter, se decía «conservador», es decir, alguien que, en palabras suyas, busca «facilitar la transición de nuestra estructura social a otras estructuras sociales con una pérdida mínima de valores humanos».

Partiendo de esa disposición prudencial, la libertad me sigue pareciendo el fundamento de toda moralidad y por tanto un ideal último; solo cuando una elección es libre puede decirse que es correcta o moral. Ideal moral y político, porque la libertad tiene un marco institucional que posibilita la existencia de la sociedad civil, donde los seres humanos desenvuelven su vida familiar, sus intereses artísticos, sus proyectos personales. Solo una civilización liberal puede legitimar ese mundo de decisiones personales.

Las sociedades libres no definen un proyecto objetivo exterior a ellas mismas. Encauzan el conflicto institucionalizándolo. Y organizan constitucionalmente la competencia pacífica por el ejercicio del poder. La concreción político-institucional de la idea de libertad que estoy glosando es la democracia liberal.

El Estado de derecho se erige sobre la base de la frágil voluntad común de «jugar el juego» ajustándose a sus reglas. La democracia liberal postula la legitimidad de las diferencias y busca una unidad imperfecta en el respeto de las diversidades. La unidad posible es un pluralismo asumido, lo que Julián Marías describía como «concordia sin acuerdo».

Una idea libertaria de la libertad la concibe como facultad del individuo de afirmarse contra el Estado. En su formulación más radical, defiende que el único propósito de la ley debe ser maximizar la esfera de autonomía individual. La corrección conservadora de esa visión entiende que la libertad es un valor sobre todo para quien es capaz de valorar las realizaciones que consiente. La libertad es un fenómeno más complejo que el permiso: existe donde los valores existen. Las personas reconocen los valores como resultado de su percepción de sí mismas dentro de un orden social; si la libertad debe ser preservada, el orden social también, como precondición suya necesaria.

Para que la libertad sea orientadora de la democracia y para que esta encuentre un límite a la expansión de su propio principio —el de mayoría—, es necesario aceptar ciertos supuestos de vida común o de orden social.

Proliferan en la izquierda radical discursos que apelan a la emancipación antes que a la libertad responsable. Se trata de liberarse de instituciones tradicionales (no elegidas) que, según esos discursos, ahogan al individuo. En realidad, ignoran la imposibilidad de reivindicar libertades rechazando las limitaciones que las hacen posibles. Se trata de deshacer las herencias culturales, familiares, e incluso naturales, en las que se denuncian meros determinismos de los cuales debemos ser liberados. La cultura de la cancelación, las políticas de identidad y la ideología *woke* son expresiones contemporáneas de corrientes anteriores que contribuyeron a fundar la Nueva Izquierda en el siglo pasado.

En el fondo, lo que ofrece la izquierda, cuando habla de libertad, es una atomización individualista; y detrás de la demanda de nuevos derechos, el egoísmo más desinhibido.

Nuestra libertad como individuos se define a partir de nuestra pertenencia a una sociedad política. Tal sociedad está conformada por personas vinculadas en un territorio gobernado por instituciones representativas, diseñadas para reconciliar sus diversos intereses. En tal sentido es como debe definirse en una democracia nuestra identidad colectiva, el «nosotros» nacional. Ese nosotros cívico es preferible a otras opciones étnicas o confesionales, en la medida en que posibilita una convivencia en libertad.

El timón del liderazgo y el momento populista

Suelo apelar a la necesidad del liderazgo y lo hago, entre otras cosas, porque es necesario suscitar debates sobre urgencias reales en una España y una Europa bastante ensimismadas. Son necesarios liderazgos fuertes que, desde la claridad moral, puedan despertar el interés de la opinión pública acerca de las cuestiones que de verdad importan.

En España debemos plantearnos nuestro futuro como nación a largo plazo: ¿qué queremos ser dentro de treinta años? Eso pasa por estabilizar y proyectar. Tenemos que culminar establemente el Estado autonómico; asentar nuestra posición en Europa adecuando nuestro peso institucional en ella a nuestra verdadera dimensión; y tenemos que volver a forjar el vínculo atlántico con la América hispana, que es tanto herencia como vocación irrenunciable.

Europa debe decidir si realmente aspira a ser un actor global; con qué medios, con qué recursos y con qué calendario. Habrá que replantearse muchas posiciones que parecían definitivas y que ya están empezando a ser revisadas: los plazos de la «descarbonización», la compatibilidad entre crecimiento económico y sostenibilidad ambiental, el manejo realista del reto migratorio.

Tenemos muchos debates pendientes en Europa y en España que no figuran en la asfixiante agenda del izquierdismo *woke*. Mientras ponemos en cuestión la nación y sustituimos el sexo natural por el género opcional, están agotándose los supuestos históricos que dieron lugar al consenso de posguerra y al orden internacional liberal tras 1989.

La demografía declinante y el abuso demagógico del asistencialismo están abriendo las costuras del Estado del bienestar. Producto del consenso entre derecha e izquierda, no lo concebimos sin embargo de igual forma. Desde este lado, siempre será pertinente examinar sus límites porque ninguna construcción política carece de ellos. En ese sentido, preguntarse por su financiación es secundar a Josep Pla —buen abogado de esa figura tan olvidada: el contribuyente— cuando vio desde el mar las luces de Nueva York. Debemos replicar, a cada oferta demagógica: «Oiga, y esto, ¿quién lo paga?». Porque no es renegar del estado de bienestar creer que su financiación deba nutrirse, principalmente, del crecimiento económico; ni sostener que fiándolo a un endeudamiento excesivo se compromete su futuro; o que cuando la asistencia social se financia directamente con inflación se está corriendo un peligro del que resultarán víctimas, sobre todo, los vulnerables en quienes se dice pensar.

El liderazgo político responsable pasa, hoy, por recordar a la opinión que las respuestas al declive que nos amenaza están inventadas. En primer lugar, volver a poner a punto nuestras instituciones, los marcos complejos dentro de los cuales una sociedad florece o fracasa. Por ejemplo, la institución del crédito. Nuestras democracias deben honrar sus promesas y eso supone restaurar el pacto intergeneracional: no legar deudas onerosas a nuestros hijos y nietos en nombre de una «pro-fundización de la democracia». En este sentido, no deja de sorprenderme que sean relativamente pocos los jóvenes que advierten hasta qué punto muchas propuestas sedicentemente «progresistas» en realidad se formulan contra ellos, en perjuicio de sus verdaderos intereses a largo plazo.

El liderazgo responsable pasa por denunciar que nuestros mercados están cada vez más distorsionados por regulaciones minuciosas que pretenden ser la cura y son la verdadera enfermedad. En una época de avances tecnológicos aceleradísimos y de crisis inesperadas —de *cisnes negros*—, el dirigismo y la planificación no sirven. Los sistemas flexibles son los que mejor absorben los golpes imprevistos y mejor se adaptan a cambios disruptivos.

Un liderazgo responsable se apoyará en la sociedad civil y estimulará su vitalidad dándole todo el espacio que en España le falta: sin ella, sin un ámbito donde desenvolverse, deja de existir la posibilidad misma de libertad de ninguna clase y todo queda encomendado al poder político. La falta de sociedad civil también implica la ausencia de ciudadanía, porque, en ese supuesto, ya no hay personas libres sino multitudes subsidiadas.

Necesitamos más que nunca contar con líderes auténticos en un momento en que triunfan los demagogos y los chamanes de la política. Cualquiera sabe —hay infinidad de encuestas al respecto— que la confianza de los españoles en sus instituciones lleva tiempo cayendo en picado. En todos los ámbitos: instituciones gubernamentales, comerciales, educativas, religiosas y organizaciones sin ánimo de lucro. Pocas se han librado de este colapso de la confianza. El fenómeno no es solo español. El politólogo estadounidense Yuval Levin dice que nuestra época «se siente peculiar, en parte porque las buenas noticias parecen no traducirse en confianza o esperanza». Este es un síntoma que debiera preocuparnos. La solidez de las instituciones en la sociedad es el eje de la prosperidad, el bienestar y la felicidad.

Creo que restaurar la fe en nuestras instituciones debe ser una prioridad política insoslayable. Además, las instituciones son la clave no solo del bienestar, sino también del poder y la competitividad. La mayor salud institucional es el factor que mejor explica la divergencia entre civilizaciones desde el comienzo de la modernidad. La buena noticia es que, así como la confianza en las instituciones puede disminuir, también puede reconstruirse. Y es que las instituciones recuperan la confianza cuando muestran competencia, carácter y actúan en el contexto adecuado. En otras palabras, cuando quienes las encarnan en un momento dado cumplen lo que prometen, tienen integridad y asumen su papel en el contexto de una democracia liberal.

Lo que lesiona más profundamente la reputación no son las cuestiones de competencia personal, sino las relativas a la integridad y la hipocresía. Los políticos, en particular, son propensos a lo que los economistas llaman «búsqueda de rentas». Es un tipo de corrupción, particularmente insidioso, que permite a los líderes institucionales mantener objetivos aparentemente elevados, pero de los que solo se benefician realmente ellos mismos.

Por eso siempre me ha parecido, y hoy más que nunca, que la sociedad debe ocuparse en la capacitación para el liderazgo. Esa capacitación no puede limitarse al plano de lo táctico o de lo técnico. Todo eso importa, pero cuando se ocupan posiciones relevantes, los desafíos de liderazgo suelen ser casi en su totalidad estratégicos, interpersonales y éticos. Necesitamos líderes que no solo dirijan las instituciones, sino que las dirijan bien. Y deben entender que tienen una responsabilidad adicional: responden de la institución que lideran, pero también de la entera confianza social en el sistema. Porque cada institución es codependiente de las demás: juntas hacen que su entramado sea confiable.

La gran pregunta sobre el orden político durante la mayor parte de la historia ha sido: «¿Quién nos gobernará?». La respuesta democrática a esto es: «Nos gobernaremos a nosotros mismos». Pero esa respuesta no descarta el liderazgo, al contrario, lo implica. Realmente sugiere otro tipo de pregunta: «Si vamos a gobernarnos a nosotros mismos, ¿cómo elegiremos nuestros propios líderes?».

Necesitamos justo lo contrario de lo que tenemos. El estilo de liderazgo que prolifera es el populista. Y eso tiene sus explicaciones. Desde hace muchos años, un segmento importante del electorado se ha sentido cada vez más frustrado con quienes dirigen nuestras instituciones. La perspectiva política de estos votantes ha llegado a definirse por esa frustración: la sensación de que las personas con poder y privilegio en la vida abusan rutinariamente de ese poder y ese privilegio para su beneficio personal y su ventaja ideológica, que mienten al público, menosprecian las formas de vida de todos los demás y amenazan activamente los cimientos culturales de la sociedad.

Su frustración no es injustificada del todo. Pero, como suele ocurrir con los movimientos populistas, la frustración de esta empresa tiene sus raíces en una mezcla de realidad y fantasía. Algunas de sus quejas reflejan abusos genuinos. Pero otras se basan en un conjunto excesivamente siniestro de suposiciones sobre los motivos de «las élites», en afirmaciones infundadas sobre las acciones de esas élites, o en febriles conspiraciones sin base en los hechos. Este tipo de quejas no puede ser resuelto a través de actos de gobierno porque los problemas que describe no son reales.

Los líderes políticos tienen la obligación de ser honestos con sus votantes y servir a sus intereses conectando sus quejas legítimas con las duras realidades del gobierno. Cuando no lo hacen, están fallando a sus electores. Al mentirles para beneficiarse de su indignación, los líderes populistas se ponen a la altura de lo que dicen denunciar, confirmando así la baja opinión sobre la política que tienen sus propios votantes y facilitando la impugnación del sistema constitucional en su conjunto. Los líderes populistas acaban siempre en la antipolítica. Necesitamos justo lo contrario: más política; pero, sobre todo, mejor política. La construcción de liderazgos responsables es, en mi opinión, la piedra angular para satisfacer esa urgentísima necesidad.

En España, restaurar un tejido institucional masivamente dañado requerirá un liderazgo muy fuerte en el centroderecha. Y para mí, fuerte nunca es sinónimo de extremista. La competición pacífica es el principio regulador de la democracia. En las sociedades modernas, implica la combinación de tres disposiciones: respetar las leyes, en particular, la regla constitucional; tener opiniones propias, apasionadamente defendidas, para garantizar el pluralismo; y no llevar esas pasiones hasta el punto en que desaparezca la posibilidad del acuerdo, es decir, preservar el sentido del compromiso.

Al respecto, y para cerrar este capítulo introductorio, me gustaría traer a colación un recuerdo de la campaña de 1996. Entonces se utilizó contra mi candidatura y contra el Partido Popular, la imagen del dóberman y el recuerdo de Franco: todo el viejo arsenal de prejuicios y mentiras que, poco corregido y muy aumentado, sigue blandiéndose. Hubo quien atribuyó el margen escaso de aquella victoria al perfil moderado de nuestra campaña. Nunca compartí ese diagnóstico. Nos comportamos como un partido de gobierno y por eso llegamos al Gobierno.

Mantengo intacta mi convicción de que corresponde al Partido Popular la tarea de liderar y representar la alternativa que España necesita. Para hacerlo con garantías de éxito, habrá que construir una oferta muy sólida y apelar con fuerza a la ciudadanía. La circunstancia española es, para la derecha liberal, lo suficientemente compleja como para no poder fiarlo todo a la captura del voto flotante. La posibilidad de una alternativa de gobierno en España pasa, así lo creo, por impulsar corrientes de fondo en la opinión pública. La influencia de las ideas no se aprecia a primera vista, pero siempre acaba teniendo consecuencias; a veces, tormentosas. Es un hecho comprobado con mucha anterioridad a la boga actual de las «guerras culturales».

El voto flotante hará siempre honor a su nombre: flotará con la marea. Hasta para influir en el corcho que flota, hay que generar primero la marea que lo levanta. La izquierda que vuelve a Gramsci vive obsesionada por la «hegemonía cultural». Rivarol había escrito mucho antes: «Cuando Neptuno quiere calmar las tormentas, no habla a las olas, sino a los vientos».

Contribuir en alguna medida, siquiera minúscula, a esa obra de persuasión en medio de la tempestad es el propósito de las páginas que siguen.

2

EL NUEVO DESORDEN MUNDIAL

La circunstancia exterior suele ser en España, con demasiada frecuencia, simple proyección o telón de fondo de querellas intestinas. Consumidos por discordias civiles, cerramos el siglo XIX con el «desastre» del 98. La neutralidad en la Gran Guerra fue, en buena medida, la única opción para un país exhausto. Alejados de los frentes europeos, los españoles cavamos trincheras en las tertulias domésticas. Con cuánto ardor combatieron en los cafés aliadófilos y germanófilos. Lo comentaba así Julio Camba: «La guerra ha terminado en todo el mundo, excepto en España. Los alemanes se han rendido, pero no así los germanófilos, quienes siguen apoyando al káiser y cantando las victorias de Hindenburg». Luego, la discusión subió de tono hasta ahogar nuestra convivencia nacional en la sangría de la Guerra Civil. Nuevo período de aislamiento hasta que, por fin, el advenimiento de la democracia devolvió España a los españoles y nos integró en una Europa de la que siempre fuimos parte consustancial. España sería luego miembro fundador de la moneda europea; mucho antes, ya había contri-

buido a fundar la civilización europea. No solo eso; la Edad
Moderna le debe a España, con el descubrimiento de la unidad geográfica del mundo, otro descubrimiento aún mayor: el
de la unidad moral del género humano. Los españoles, cuando
nos lo proponemos, sabemos estar a la altura de las circunstancias, también de las «circunstancias exteriores».

Pero en nuestra historia son frecuentes las recaídas en
el ensimismamiento. Ahora estamos viviendo una. Cuando
esto se escribe, acaba de cumplirse el tercer aniversario de
la invasión rusa de Ucrania. Se está resquebrajando el modelo de seguridad colectiva puesto en pie tras la Segunda
Guerra Mundial; se cuestiona la democracia liberal por la
irrupción de partidos antisistema, aliados de potencias revisionistas que la impugnan. Mientras tanto, el debate público
español lo acapara alguno de estos temas: el comunicado del
mediador internacional encargado de engrasar las relaciones
entre el Gobierno y el prófugo que lo sostiene negociando
chantajes recurrentes; la oficialidad en la Unión Europea de
lenguas cuya cooficialidad no se extiende al conjunto de España como prioridad de nuestra agenda europea; y el anun-
cio, como éxito histórico, de una renuncia casi definitiva a la
reivindicación de soberanía sobre Gibraltar. Perdido el honor,
perdemos el tiempo en el peor momento posible.

Orden y desorden del mundo

A Henry Kissinger le gustaba afirmar que nunca existió, en
sentido propio, un «orden mundial». Según él, la expresión se
acomoda sobre todo al sistema westfaliano que puso fin a la

guerra de los Treinta Años, sancionando una paz basada en el equilibrio del poder, la inviolabilidad de las fronteras y la soberanía de los Estados. La Paz de Westfalia supuso el primer intento de institucionalizar un orden basado en reglas para evitar la hegemonía de un solo país. La Edad Moderna fue la edad del Estado-nación.

La Edad Contemporánea también ha buscado, en lo internacional, un orden, una norma de vida. Se quiso hallar ese orden entre las naciones mediante el establecimiento de una dirección. No caben, en términos lógicos, más que cuatro soluciones: que mande uno, que manden varios, que no mande ninguno, que manden todos. La Edad Contemporánea ha vivido en torno a esos cuatro intentos: el mando de uno, en el Imperio napoleónico; el mando de varios, en la Europa del Directorio; el mando de ninguno, en la balanza de poderes; el mando de todos, con la Sociedad de Naciones y las Naciones Unidas.

Cada sistema internacional, una vez estabilizado, ha ido acortando su periodo de vigencia. Westfalia duró ciento cincuenta años. Los acuerdos del Congreso de Viena (1815), cien; el mundo bipolar de la Guerra Fría (1946-1991), menos de cincuenta, y la época del «fin de la historia» —paradójicamente— apenas veinticinco.

Hoy estamos viviendo la clausura de una etapa histórica, el cuarteamiento del sistema de equilibrio internacional establecido por los países occidentales tras el final de la Guerra Fría (1991). La historia no ha escuchado a los vulgarizadores de Fukuyama. Ha continuado su curso, como proceso y como drama. Y hoy, los valores occidentales, globalmente proclamados, no se interpretan igual en amplias regiones del mundo.

Los conceptos de «democracia» y «derechos humanos» conocen lecturas divergentes. La adhesión teórica al derecho internacional y a las reglas universales en que se inspira no ha impedido anexiones ilegítimas de territorios, desintegraciones violentas de Estados, ni la aparición de actores no estatales, a veces de naturaleza terrorista, capaces de condicionar el contexto geopolítico.

El desorden actual no es una improvisación. Es fruto de una serie de carencias que nos son familiares. Europa quiso abandonar toda su política exterior al «poder blando» y los valores humanitarios, renunciando a poseer un planteamiento estratégico propiamente dicho: nunca ha definido lo que aspira a prevenir ni lo que aspira alcanzar, es decir, los objetivos de su seguridad. Las organizaciones internacionales como la ONU, el G7, el G20, etcétera, no sustituyen la ausencia de un mecanismo efectivo de cooperación y consenso entre las grandes potencias. Durante demasiado tiempo el liderazgo norteamericano ha estado ausente, limitándose a presidir retiradas. Tras la Segunda Guerra Mundial y durante la Guerra Fría, Estados Unidos puso al mundo libre a resguardo del comunismo y del expansionismo soviético. Con la caída del Muro de Berlín, se sustituyó la contención por la expansión de los valores democráticos y del libre mercado, dando por sentado el «fin de la historia» y por ganadas todas las batallas ideológicas. Esas premisas se han revelado menos sólidas de lo que se creyó.

Cualquier orden internacional se compone de, por un lado, unas reglas que definen los límites de lo permisible y un equilibrio de poder que impone moderación cuando las reglas se rompen. Los órdenes regionales son la réplica de este esquema en un área geográfica definida. Kissinger, en su obra de referencia, *Orden Mundial*, llegaba hace años a una conclusión pesimista sobre la compatibilidad del universalismo occidental con los valores de otras culturas capaces de construir órdenes regionales.

Frente a nuestra concepción secular, civilizaciones distintas de la occidental fundamentan el orden político en cimientos religiosos más o menos excluyentes. El islam radical divide el mundo en *Dar al-Islam* (casa del islam y de la paz) y *Dar al-Harb* (casa de la guerra). De aquí deriva para el islamismo radical su orden mundial proyectado: el que resulta de la conquista del mundo infiel mediante la yihad. La incompatibilidad con nuestro mundo de ley civil y lealtades nacionales no puede ser más total.

La cultura china —menos belicosa— no es más compatible con la occidental. El orden mundial, según el confucianismo, implica jerarquía universal, no equilibrio entre Estados soberanos. China ocuparía el lugar central al que deberían subordinarse los demás. Lo nuevo en la China del siglo XXI es el intento de síntesis entre confucianismo y modernización tecnocrática, al tiempo que se rechazan como imposición occidental la democracia liberal y los derechos humanos.

Desequilibrio multipolar

En el mundo globalizado posterior a la Guerra Fría han coexistido dos tipos de orden relativo: la continuación del equilibrio militar y la disuasión nuclear, y el «orden liberal» fundado en la expansión de la democracia y la economía de mercado. Estos últimos años estamos asistiendo a una paulatina pérdida de relevancia occidental en términos relativos. Occidente sigue ostentando una posición rectora, pero ve estrecharse la distancia con sus competidores globales. En paridad de precios, según el Banco Mundial, en 2023 el PIB de China fue de 34,643 billones de dólares (18,76 por ciento del PIB mundial), el PIB de Estados Unidos fue de 27,36 billones (14,8 por ciento), el de la Unión Europea 27,125 billones (14,68 por ciento), y el de Rusia 6,452 (3,49 por ciento).

El mundo que el potencial militar norteamericano amparó tras la Segunda Guerra Mundial ha brindado, como se ve, oportunidades reales de crecimiento y prosperidad a los actores no occidentales. Ahora los expertos nos hablan de un regreso a la «multipolaridad». Comparado con la peligrosa «bipolaridad» de la Guerra Fría, podría parecer, a primera vista, una situación más pacífica y estable.

Un autor cada vez más de moda, Carl Schmitt, dictó en Madrid una conferencia en 1951 titulada «La unidad del mundo». En plena Guerra Fría, Schmitt alertaba sobre lo inquietante de la dualidad Este-Oeste como «mezcla de Guerra Fría y abierta»: «*Binarius numerus infamis*, dice Santo Tomás de Aquino. La dualidad del mundo actual es efectivamente mala y peligrosa». Schmitt constataba que para la tendencia general hacia la «unidad técnico-industrial del mundo» —lo que hoy llamamos globalización— la dualidad de la Guerra Fría era solo la última etapa de la lucha por la unidad definitiva: el vencedor sería «el único dueño del mundo» que «realizaría su unidad» según sus ideas. Como simpatizaba poco con esa perspectiva, veía con esperanza otra posible vía de escape a la tensión dualista: la «posibilidad de un equilibrio de fuerzas, un equilibrio de varios grandes espacios que creen entre sí un nuevo derecho de gentes». Los números impares (tres, cinco), según él, harían posible más fácilmente el equilibrio.

La visión de Schmitt ha sido luego rescatada y vulgarizada por distintos teóricos hostiles a la globalización y al universalismo occidental. En mi opinión, la multipolaridad (los «números impares» de Schmitt) no supone una posibilidad mayor de paz y estabilidad. Por el contrario, puede adivinarse que traería mayor conflictividad: las partes vivirían una constante tensión para medir sus fuerzas y forjar sus alianzas, de forma similar a como lo hacían las potencias europeas a comienzos del siglo XX. Con el factor de riesgo añadido de una tecnología nuclear cada vez más difundida.

Sigo creyendo, si cabe con mayor convicción que nunca, que el vínculo transatlántico es clave para la cohesión occidental, y para la propia supervivencia de eso que debemos seguir llamando «mundo libre». Ese mundo tiene dos lóbulos, uno a cada lado del Atlántico, pero compone una unidad cultural. El mantenimiento o, llegado el caso, la reconstrucción de ese vínculo pasará con toda probabilidad por una severa actualización de los términos en que se concibió y funcionó hasta ahora. Europa prácticamente externalizó tanto su seguridad como su proyección industrial y tecnológica. Tendrá que revertir muchas de las inercias en las que se había instalado y tomar en serio la necesidad de incrementar su competitividad y su capacidad de innovación.

Pero nada de eso abona el retorno a un aislacionismo anacrónico y peligroso. La exigencia norteamericana de mayor inversión europea en seguridad es pertinente. Europa no puede abatir sus fronteras interiores sin reforzar las exteriores.

No hacerlo sería tanto como suprimir su contorno político, suprimirse.

Por su parte, Estados Unidos debe aportar en su alianza con Europa garantías de fiabilidad. Porque sin ella no podrían ser una potencia global. Si la aportación de cada socio debe reequilibrarse, el diálogo entre ellos deberá ser permanente y sin imposiciones.

Cuando tanto se fustiga el proyecto europeo hay que recordar que, a pesar de todas sus debilidades, la Unión Europea ha sabido dar respuesta a tres crisis sucesivas: la financiera, la sanitaria y la económica inducida por la pandemia de la COVID-19. Ahora tiene por delante estar a la altura del desafío ruso y consolidar su compromiso con Ucrania, a cuyo esfuerzo de guerra ha contribuido de forma eficaz. Creo que esto solo podrá hacerse preservando el vínculo transatlántico, reformulado y actualizado en lo que haga falta o, en su caso, restaurado a la menor tardanza si llegara a romperse.

La batalla cultural: el ocaso del universalismo

Desde la Revolución francesa y durante dos siglos, la cultura occidental reivindicó un estatuto de universalidad. El nuevo evangelio de los derechos humanos se extendió por todo el mundo; la occidentalización supuso que hasta los regímenes de contenido autocrático más evidente quisieran adoptar el manto de la «democracia» como cobertura prestigiosa.

En lo que llevamos de siglo, esa tendencia ha cambiado. En el continente asiático, en China, en Rusia, en parte del mundo musulmán, Occidente se encuentra con una contestación explícita a su modelo y con distintas formulaciones alternativas al mismo.

Ese cuestionamiento ideológico tiene consecuencias geopolíticas. Varios autores de distinta inclinación política describen los nuevos polos culturales como la tensión entre el individualismo occidental y el comunitarismo, el holismo, del «resto». Emancipación y arraigo serían los paradigmas enfrentados. También en el seno de las democracias occidentales se reproducen viejos argumentos que provienen de la crítica antimoderna a la Ilustración y nutren el arsenal polémico de los partidarios de la «democracia iliberal».

En la Rusia de Vladímir Putin, las ideas de intelectuales como Alexander Zinóviev impregnan el discurso oficial. Zinóviev escribió tras la caída del Muro de Berlín el ensayo *L'Occidentisme. Essai sur le triomphe d'une idéologie.* Su tesis: Occidente ha creado una civilización materialmente rica, basada en los derechos humanos y las libertades civiles; los fundamentos de la civilización rusa son otros: espiritualidad y patriotismo. Lo que tensiona la situación no es la diversidad entre ambas culturas sino la pretensión occidental de ser, no *una* civilización, sino *la* civilización y su concepción universalista de los derechos humanos. Zinóviev da un paso más para tachar el universalismo occidental como pretexto imperialista, un arma de guerra.

En China, el «Documento número 9» —en su nomenclatura oficial, «Comunicado sobre el estado actual de la esfera ideológica»— es una circular interna del Partido Comunista Chino conocida desde 2012. Se ha descrito como una crítica de las «formas liberales de pensar»; informa sobre la amenaza ideológica que supone Occidente para China en estos términos: «La situación ideológica de hoy es una lucha», y caracteriza el peligro de los quintacolumnistas internos que defienden el *rule of law* occidental con el propósito de suprimir la identidad china. Uno de sus párrafos advierte: «Promover valores universales es un intento de debilitar los fundamentos teóricos del poder del partido». Los valores de Occidente, dice el documento, «desafían el tiempo y el espacio, trascienden la nación y la clase, se aplican a toda la humanidad». Los disidentes chinos que los reivindican estarían usando un arma singularmente insidiosa y amenazante. Por tanto, el «Documento número 9» fija como objetivo del Gobierno chino combatir el reclamo de universalidad de los valores occidentales y presentar a los disidentes como el caballo de Troya del enemigo; esa lucha es caracterizada, de forma literal, como «perpetua, compleja y atroz».

En el mundo musulmán, la exacerbación del islamismo radical tomó la forma, desde la década de los ochenta y, sobre todo, a partir del cambio de siglo, de una contestación agresiva contra Occidente en nombre y con el propósito de restaurar el islam en su versión más arcaizante.

Todos estos discursos culturales tienen en común un relativismo combativo y antioccidental. Sus temas pueden discernirse en los discursos de Xi Jinping, Vladímir Putin o Recep Tayyip Erdogan. Todos ellos anuncian modelos alternativos de modernidad que en realidad suponen la rehabilitación de un holismo que se creía desaparecido.

La crítica externa de Occidente tiene otro tema predilecto: el diagnóstico de la decadencia. Se toma la suavidad de costumbres occidental, y en especial algunas expresiones posmodernas de la misma, como carencias: debilidad, anomia, falta de robustez. Un repertorio bien conocido en la Rusia de Putin. Por su parte, los críticos chinos de la democracia occidental apuntan a su falta de sentido generacional, a su miopía para el largo plazo, a su desinterés en la duración.

Ninguna de esas censuras hechas desde el exterior es nueva en Occidente; porque todas ellas fueron elaboradas en su seno por las corrientes críticas con la modernidad, al menos desde el siglo XIX. El nazismo, por ejemplo, no dejó de entonar himnos a la «restauración de la virilidad perdida». Su recuerdo, en un momento posterior, hizo decir a Raymond Aron que nuestra Europa podía ser decadente, pero si eso significa que encarna las libertades, en tal caso la decadencia es una bendición.

La crítica a la modernidad puede ser más o menos razonable o dispararse hasta extremos peligrosos. Quien percibe su cultura en riesgo mortal hará de ella algo inexorable y asfixiante. En Rusia, mientras el patriarca Kiril preserva los fundamentos dogmáticos de la ortodoxia de infiltraciones occidentales, Putin reafirma el vínculo político-religioso como barrera frente a la amenaza del oeste «decadente». En China, el «Documento número 9» insiste en la misma idea de «asedio» occidental. Son formas de ideologizar las religiones y las tradiciones, de endurecerlas y radicalizarlas alegando el temor de su pérdida.

En distintas partes del mundo se propone «otra modernidad», distinta de la occidental, una modernidad «corregida» que pone en la diana el individualismo característico de esta última. Es cierto que estas críticas encuentran un terreno abonado en el fenómeno muy real que padecen nuestras sociedades: la pérdida de vínculos, la atomización, distintas formas posmodernas de institucionalizar la soledad disociando lazos comunitarios. Al respecto, cabe observar que el estado de bienestar es una respuesta a las carencias materiales del individuo emancipado y solo; pero no puede responder a otro tipo de vacío, el de la «falta de sentido». No es dar la razón a los censores de Occidente reconocer que nuestras sociedades son más capaces de satisfacer el hambre física que el hambre de significado; por eso no conviene descuidar este tipo de carencias: son la brecha por donde penetra el enemigo.

De lo cultural a lo geopolítico

Las potencias revisionistas plantean el desafío cultural al que me he querido referir primero por ser el menos visible. Los retos de tipo económico, estratégico y geopolítico son hoy más evidentes que nunca y están a la vista de todos.

El fin de la Guerra Fría simplificó radicalmente el tablero mundial; en un sistema de dos superpotencias desapareció una, abandonando el campo a una coalición hiperdominante: Estados Unidos y sus aliados representaban entonces el 70 por ciento del PIB mundial y el 75 por ciento del gasto militar mundial. La democracia parecía carecer de rivales tras la implosión de su último enemigo totalitario.

Estados Unidos se empezó entonces a replantear su papel. Asomaban ya discursos neoaislacionistas, partidarios del repliegue; pero una mayoría de analistas, académicos y políticos recordaban que el proyecto norteamericano de posguerra no había consistido tan solo en contener el expansionismo soviético. Se conservaron las alianzas de la Guerra Fría como estabilizadores estratégicos en regiones clave y se extendió la OTAN hasta Europa del Este para consolidar el área de libertad que había sucedido al colapso soviético. La indiscutible hegemonía militar norteamericana daba credibilidad a esas alianzas y limitaba el crecimiento de nuevas amenazas potenciales.

Cuando Saddam Hussein invadió Kuwait en 1990, una coalición liderada por Estados Unidos lo expulsó. Cuando el conflicto étnico incendió los Balcanes, Washington y sus aliados de la OTAN extinguieron las llamas. Cuando China coaccionó a Taiwán amenazando su independencia con misiles y maniobras militares en 1995-1996, la Casa Blanca envió dos grupos de ataque de portaaviones para hacer retroceder a Pekín.

Al mismo tiempo, se pensó que la globalización y el *doux commerce* de que hablaba Montesquieu, transformarían las autocracias; Estados Unidos promovió la entrada de China y Rusia en la Organización Mundial del Comercio. Participando en el orden liderado por Norteamérica se esperaba fomentar su prosperidad y una liberalización política concomitante a la económica. En palabras de Tony Lake, asesor de seguridad nacional de Bill Clinton: «Sucesora de la doctrina de contención, debe ser una estrategia de ampliación de la comunidad mundial libre de democracias de mercado».

En el contexto unipolar posterior a la Guerra Fría, Estados Unidos llevó ese proyecto a todo el mundo. El objetivo, explicaría George W. Bush, era «construir un mundo en el que las grandes potencias compitan en paz en lugar de prepararse continuamente para la guerra», consolidando los valores liberales y la hegemonía benigna norteamericana.

Desafortunadamente, eso no es lo que sucedió. Digo «desafortunadamente» porque, mientras duró, el proyecto impulsó un aumento de los ingresos mundiales, niveles récord de democracia y un cuarto de siglo de paz entre las grandes potencias. En ningún sitio estaba escrito que el final de la Guerra Fría debía alumbrar un periodo histórico de prosperidad y expansión de la libertad; la historia hay que hacerla. Estados Unidos estaba siendo capaz de disuadir el revisionismo violento y, a la vez, socorrer a las democracias emergentes.

Mientras tanto, Rusia duplicaba su PIB real entre 1998 y 2014, y cuadruplicaba su gasto militar. La China postmaoísta, por su lado, explotaba la tecnología para acelerar el desarrollo: entre 1990 y 2016, el PIB chino se multiplicó por doce y el gasto militar por diez. Buena parte de su arsenal se fabricaba con tecnología occidental, obtenida con mayor o menor licitud. Paradójicamente, la *Pax Americana* amparaba el crecimiento de actores que iban a desafiarla.

Por lo demás, la democracia demostró tener menos capacidad de arraigo de lo esperado en suelos poco propicios para alimentar su semilla. Rusia nunca culminó su transición. El rescoldo soviético, la inercia histórica autocrática, y la crisis de los noventa potenciaron la recaída en el culto al «hombre fuerte». El desarrollo económico chino no erosionó el sistema de partido único; al contrario, aumentó el potencial represivo del Partido Comunista. El legado iliberal de la región euroasiática era más tenaz de lo que calculó el optimismo norteamericano y eso suponía que en un área tan vasta la hegemonía occidental fuese percibida como una amenaza.

Desde principios de los noventa, Rusia dejó claro que no veía con buenos ojos la influencia estadounidense en Europa del Este. Sus diplomáticos dijeron a los británicos en 1997 que Rusia consideraba la ampliación de la OTAN como «una derrota humillante». Los funcionarios chinos, por su parte, hicieron amenazas nucleares no demasiado veladas cuando Clinton defendió Taiwán en 1996. Pekín llamaría más tarde a los años posteriores a la Guerra Fría «período de guerra incesante».

¿En qué consistía para rusos y chinos, exactamente, la amenaza? Después de todo, no tenían que temer ningún riesgo de merma territorial. De hecho, la OTAN estaba reduciendo sus capacidades militares; China se enriquecía en un mundo pacificado por Washington y Rusia podía comprobar que, habiendo perdido su imperio, había ganado en seguridad: no debía temer ningún ataque externo.

Pero hay liderazgos que no buscan seguridad externa y prosperidad interna, sino gloria, grandeza, imperio. La *Pax Americana* era incompatible con la existencia de una «esfera de influencia» china o rusa. El orden que sucedió a la Guerra Fría tal vez dio a Rusia y a China lo que necesitaban, pero no lo que deseaban. Además, veían con recelo la posibilidad de una democratización producto del desarrollo económico. En China se llegó a hablar de una «Tercera Guerra Mundial» contra Pekín; Putin, por su parte, valoraba así las transiciones democráticas en Ucrania y Georgia: «Debemos hacer todo lo necesario para que nunca ocurra algo similar en Rusia».

Preservar la paz habría requerido un esfuerzo mayor del que calculó Estados Unidos. Su gasto en defensa cayó del 6 por ciento de su PIB en la década de los ochenta al 3 por ciento registrado a finales de los noventa. Las guerras del Golfo supusieron un enorme esfuerzo que terminó por hacer prevalecer a los abogados del repliegue. Ese fue el signo de la Administración Obama y del primer mandato de Trump.

La invasión de Ucrania obligó a revertir esa tendencia. Aunque no ha sido el único factor: Irán se ha pasado los últimos veinte años cultivando redes terroristas en el Oriente Medio: Hamás en Gaza, Hezbolá en el Líbano y los hutíes de Yemen. Corea del Norte tampoco ha perdido el tiempo: ha ido ampliando su arsenal de armas nucleares y misiles de largo alcance, con la esperanza de romper la alianza entre Estados Unidos y Corea del Sur y amenazar el noreste de Asia. El cuarteto revisionista lleva tiempo colaborando de forma cada vez más desestabilizadora. Cada una de las potencias que lo integran tiene la intención de hacerse preeminente en una franja clave de Eurasia. Colectivamente, estos depredadores geopolíticos ocupan, y codician, bienes raíces que abarcan buena parte de la mayor masa continental del planeta.

Resulta lógico que Estados Unidos demande a sus aliados en Oriente Medio, Europa y Asia un esfuerzo mayor en gasto militar y la asunción de mayores responsabilidades en materia de seguridad. Pero el compromiso estadounidense sigue siendo el eje de la estabilidad euroasiática: no hay forma de que los aliados de Estados Unidos puedan mantener la línea en sus propias regiones sin el apoyo de la superpotencia norteamericana. Además, siempre será mejor afrontar las amenazas geopolíticas temprano que tarde. Hoy, si China se adueñase de Taiwán, podría coaccionar a Japón y Filipinas y crear inseguridad a lo largo y ancho de todo el Pacífico Occidental. No resulta barato ni fácil frenar las ambiciones autocráticas en Ucrania, la región del Báltico o el estrecho de Taiwán. Pero sería mucho más difícil y oneroso hacerlo en Europa Central o en el Pacífico Central.

Agentes del desorden

Desde Rusia hasta Irán, pasando por una mezcla heterogénea de grupos terroristas, los agentes del desorden han desatado la agitación en una franja de territorio que se extiende desde Ucrania hasta Azerbaiyán y Yemen.

China ha tratado de dar la apariencia de ser un pacificador independiente. Pero el velo con que se disfraza es demasiado tenue. Está menos interesada en la paz, la estabilidad y la justicia que en fomentar un estado de cosas global en el que poder perseguir más fácilmente sus propios fines. El desorden le sienta bien a Xi Jinping.

Las pretensiones imperiales de Moscú y Pekín, aunque distintas, se remontan a épocas anteriores, en las que sus antepasados rusos y chinos aún no habían aceptado el enfoque westfaliano de la organización internacional. El ciberataque ruso a Estonia en 2007, la invasión de Georgia en 2008, la anexión ilegal de Crimea en 2014 y el asalto a gran escala a Ucrania en 2022 pusieron de manifiesto lo que la retórica putinista había propugnado durante mucho tiempo: una visión del mundo en la que los vecinos de Rusia no son Estados soberanos en sentido propio.

Siempre he sostenido que había que tomar en serio a Vladímir Putin. Hay quien, de mala fe, ha querido ver en esa afirmación simpatía o incluso admiración. No hay tal, sino la advertencia de que Putin no es su caricatura, sino un líder con un proyecto en la cabeza. Un proyecto sostenido en una visión muy concreta de la historia rusa.

Es patente su autopercepción, que tuve ocasión de comprobar personalmente, como un gran conquistador en el molde de los zares. Un funcionario suyo bromeó en su día diciendo que sus asesores más cercanos son «Iván el Terrible, Pedro el Grande y Catalina la Grande». Nunca ocultó que su objetivo es reconstruir un Imperio ruso en el territorio de la antigua Unión Soviética —cuyo colapso llegó a calificar como la «mayor catástrofe geopolítica del siglo XX»— y vengar las humillaciones que, a su juicio, sufrió Rusia tras la implosión de la Unión Soviética.

Durante un cuarto de siglo, Putin ha estado librando una serie de «guerras de sucesión soviética», desde Chechenia hasta Moldavia, destinadas a revertir la contracción del poder de Moscú dentro del espacio postsoviético. Persigue la conquista total de Ucrania y su incorporación a Rusia, el acto más descarado de neoimperialismo que Europa haya visto en generaciones. Tomar en serio todo esto está muy lejos de secundarlo. El papel de *compañero de viaje* del expansionismo ruso tiene dueño hace mucho: hay que dejárselo a la derecha alternativa populista que, en toda Europa, también en España, ve en un excoronel del KGB al restaurador de valores «fuertes», amenazados por el *wokismo*, y en la autocracia moscovita la «Tercera Roma» de ciertas profecías escatológicas.

China, por otro lado, impugna un orden en el que es uno más entre otros Estados y aspira a configurar otro en el que ser potencia hegemónica. Tanto su política económica y comercial como las Iniciativas de la Franja y de la Ruta sirven a ese propósito. Su inversión en capacidades militares y el uso cada vez más desinhibido de esos recursos buscan garantizar mediante la intimidación y, en su caso, la fuerza, que China ocupe el vértice de un nuevo gran espacio asiático que el Partido Comunista Chino gobernaría como territorio tributario de Pekín.

China fundamenta sus demandas sobre el mar de la China Meridional remitiéndose al alcance y la influencia de la dinastía Han hace dos milenios. La «comunidad de destino común», el concepto chino para un orden global alternativo, se deriva de la idea imperial de *tianxia* o «todo bajo el cielo». Los líderes y propagandistas chinos a menudo promocionan no solo el ascenso del país, sino la idea —difundida desde la agencia de noticias estatal— de que el «Reino del Medio» está «listo para recuperar su poder y volver a ascender a la cima del mundo».

Lo que Xi aprenda al observar los enfoques estadounidenses para contrarrestar a Rusia e Irán podría resultar decisivo para Taiwán, Japón y los otros vecinos asiáticos de China. Estados Unidos tiene intereses cruciales en juego tanto en Europa como en Oriente Medio, pero también cuenta con un interés más abstracto en defender el orden global en el que ha prosperado, y bajo el que se ha evitado, en gran medida, la repetición de lo peor del siglo XX. Si Washington prefiere ignorarlo, el riesgo de incentivar la agresividad china será mucho más agudo.

Irán y sus *proxies*, Hamás y Hezbolá, tienen también su propia visión de un orden alternativo. Esa visión recuerda la de la Europa anterior a Westfalia, donde las diferencias de confesión religiosa alimentaban el conflicto entre Estados. El régimen iraní no renuncia a expandir su revolución teocrática y a difundir el chiismo. Además, Irán tiene su propia genealogía imperial: desciende tanto del Imperio persa como de la dinastía Pahlavi, que gobernó hasta 1979. Y aunque los ayatolás ganaron el poder al derrocar a los Pahlavis, tratan de revivir algunos de sus viejos patrones de influencia. Imaginan un «gran Irán» que incluya no solo Mesopotamia, sino también el Cáucaso y gran parte de Asia Central y del Sur. Para ello, no teniendo suficiente capacidad estratégica autónoma, Teherán utiliza figuras vicarias, *proxies*, fuerzas de operaciones especiales y otras herramientas asimétricas para degradar la soberanía de sus vecinos y moldear los acontecimientos, desde Yemen hasta el Levante. En paralelo, desarrolla herramientas militares, desde misiles balísticos hasta un avanzado programa nuclear, que facilitarían su dominio regional mediante la expulsión de sus rivales, es decir, de Estados Unidos e Israel.

Rusia, China e Irán son potencias revisionistas: puede que no compartan sus versiones de un orden mundial alternativo; puede, incluso, que no coincidan tampoco en la idea de que deba haber algún tipo de orden mundial. Pero van de la mano en el propósito de alterar radicalmente el cada vez más precario *statu quo* internacional, porque son hostiles a sus fundamentos.

La China de Xi Jinping está tratando de reclamar el estatuto de las grandes dinastías que una vez dominaron Asia. Vladímir Putin actualiza la memoria y los métodos del pasado imperial ruso. Irán utiliza el terrorismo vicario y otros medios violentos para construir una esfera de influencia que abarque partes del antiguo Imperio persa. No hace mucho tiempo, gran parte del mundo estaba gobernado por imperios. Si los

Estados revisionistas de hoy prevalecen, el futuro podría parecerse al pasado.

Y el revisionismo avanza. Podemos estar cerca de lo que Kissinger describía como el momento en que ningún concepto de orden goza de legitimidad universal y el equilibrio de poder que ha sostenido el orden que lo preside ya no está a la altura de la tarea, a la altura de las circunstancias.

¿Retorno a Yalta?

Desde hace tiempo, existe en Estados Unidos una poderosa corriente de opinión que, ante las exigencias «imperiales» de los revisionistas, se pregunta: ¿qué derecho tenemos a quejarnos de esto? Al fin y al cabo, la influencia que buscan Rusia, Irán y China es bastante modesta en comparación con la que ha ejercido Norteamérica.

Raymond Aron caracterizó Estados Unidos, en el título de uno de sus libros, como «república imperial». Ciertamente, no todas las formas de imperio son iguales; casi ninguna es «republicana». El imperio de Estados Unidos no ha estado exento de pecados, pero ha ayudado a que el mundo sea más libre y próspero que nunca. Un mundo de imperios autocráticos en ascenso no gustaría ni al antiamericanismo más empedernido.

Estamos siendo testigos directos de lo sangrienta y brutal que puede ser la creación de esa clase de imperios. Rusia está destruyendo Ucrania y masacrando a su población. El terrible pogromo desatado por Hamás el 7 de octubre de 2023 y sus secuelas, la violencia desatada por Irán y sus *proxies*, han sumido Oriente Medio en el caos. El proyecto neoimperial de China implica una represión despiadada de los uigures y otras minorías étnicas. Si Pekín intentara usar la fuerza para consumar sus ambiciones, por ejemplo, poniendo a Taiwán bajo su control, podría desencadenar una guerra catastrófica entre China y Estados Unidos.

El neoimperialismo del siglo XXI pone en peligro el orden liberal, amenazando con actualizar un mundo de potencias que se expanden y practican la conquista violenta. Sin ninguna garantía, por lo demás, de no estar atrayendo la ruina sobre sí mismas. Pekín concita cada vez mayor enemistad provocando restricciones tecnológicas y comerciales desde Occidente. Incluso consolidando su avance en el Donbás, Putin acabaría sentado sobre ruinas. La beligerancia iraní solo puede traer a la población aislamiento y miseria económica. La fórmula revisionista no es una opción de futuro.

La llegada a la Casa Blanca de Donald Trump está suscitando una enorme cantidad de dudas sobre su política exterior. Sus primeros anuncios y declaraciones apuntan a un retorno —singularmente anacrónico— del expansionismo y el proteccionismo.

De forma todavía más inquietante, sus primeros pasos en todo lo relacionado con Ucrania han creado la sensación de una vuelta al esquema simbolizado por la Conferencia de Yalta de 1945. La gravedad del momento queda definida por la opción abierta ante Estados Unidos: entre un concepto de orden mundial sustentado en reglas y principios liberales —el que ellos forjaron— y otro en el que el mundo se lo reparten las grandes potencias haciendo valer, simplemente, su propio peso en la balanza.

Con el Acta Final de Helsinki de 1975 comenzaron a rebajarse las tensiones de la Guerra Fría en Europa. Sus signatarios —las superpotencias junto con Canadá y casi todos los países europeos— se comprometieron a buscar la integración económica, resolver las disputas de manera pacífica, defender los derechos humanos y renunciar a la expansión y a la conquista territorial. Acordaron que los Estados soberanos tienen derecho a elegir sus propias alianzas. El hecho de que la Unión Soviética se adhiriera a esa declaración, más bien contribuyó a desacreditar el cinismo comunista que a relativizar los valores contenidos en el texto del acuerdo. Esos principios siguen siendo fundamentales. Porque solo desde ellos puede condenarse la invasión rusa de Ucrania o las amenazas chinas en el Mar de la China Meridional.

Con la expresión «regresar a Yalta» aludo a otra conferencia, la celebrada por la Gran Alianza (Estados Unidos, Gran Bretaña, la Unión Soviética) al final de la Segunda Guerra Mundial. Allí, los aliados dividieron Europa en esferas de influencia oriental y occidental. Washington, además, gratificó a Moscú para que entrara en la guerra del Pacífico, dando a los soviéticos una posición privilegiada en el norte de China.

Era una foto del equilibrio de poder prevaleciente: en ese momento, desalojar al ejército soviético de la Europa del Este podría haber requerido una Tercera Guerra Mundial. Sin embargo, los acuerdos se hicieron tristemente célebres porque se resignaban a la hegemonía soviética y al sometimiento de la mitad de Europa. Desde entonces, «Yalta» es la abreviatura de un sistema en el que los fuertes pisotean los derechos y niegan las libertades de los débiles. Precisamente, lo buscado por Rusia y China. Tanto Xi como Putin desean un mundo en el que las autocracias puedan dominar a las potencias menores y abusar de sus propios ciudadanos sin interferencia o condena por parte de Occidente.

No digo que la visión y las consecuencias de Helsinki signifiquen la perfección. La idea de una universalidad incondicional de los valores liberales puede tener derivadas excesivas. Pero cualquier entusiasmo renovado por Yalta parece fuera de lugar. Los grandes éxitos del orden liberal —el avance global de la democracia, el declive de la agresión que compromete la supervivencia de los Estados independientes, la creación de un equilibrio de poder tutelado por Occidente— fueron el resultado de rechazar la política de las «esferas de influencia».

Regresar a Yalta sería volver a un mundo más inestable y depredador. Por eso sigo creyendo fundamental el vínculo atlántico. Por eso sigo proponiendo reforzarlo o recomponerlo —reformulado— si llega a romperse.

Es obvia la fatiga de materiales: a uno y otro lado del Atlántico los recelos y las suspicacias han ido fabricando una situación muy peligrosa. De todos modos, creo que los europeos hemos terminado por comprender que nuestra seguridad no es un servicio que podamos externalizar completamente sin asumir el riesgo. Pero una relativa autonomía europea en materia de seguridad no tiene por qué ser incompatible con una estrecha colaboración con Estados Unidos. En un mundo más seguro, ambas cosas deberán combinarse.

Desde el inicio de la invasión rusa de Ucrania, en febrero de 2022, la Unión Europea y sus veintisiete Estados miembros han puesto a disposición del país invadido más de 140.000 millones de dólares en asistencia financiera, militar, humanitaria y para los refugiados. Los líderes europeos también acordaron comprometer hasta 54.000 millones de dólares, hasta 2027, para apoyar la recuperación, la reconstrucción y la modernización de Ucrania. En noviembre de 2024, por primera vez, la Unión Europea ayudó a los Estados miembros a realizar inversiones conjuntas en armas y municiones.

El presidente Trump presionó en su día a los aliados de la OTAN para que gastasen al menos el 2 por ciento de su PIB en defensa; la realidad se ha encargado de ir incrementando ese porcentaje. Al principio del primer mandato de Trump, solo cinco países cumplían con el umbral. Pero en 2024, veintitrés miembros, de treinta y dos, ya cumplían con ese 2 por ciento; lo que no significa satisfacer la exigencia abusiva de un tercero, sino dar un primer paso hacia la supervivencia propia.

Debo recordar, por lo demás, que la Alianza Atlántica no es y no fue nunca una vía de sentido único. Estados Unidos apoyó la defensa europea durante décadas después de la Segunda Guerra Mundial; es cierto. Como también es cierto que la única vez que se invocó el artículo 5 del tratado, fue en respuesta a los atentados del 11 de septiembre, cuando sus aliados acudieron en ayuda de Estados Unidos. Casi un cuarto de siglo después, nos necesitamos mutuamente aún más, no menos.

Cada uno de los conflictos en que tomó parte Estados Unidos desde 1945 tuvo sus propios motivos, desde contener el comunismo en Asia hasta mantener determinada estabilidad regional. Pero cada intervención tuvo su raíz profunda en la defensa de una norma más alta. Si Estados Unidos no hubiera logrado salvar a Corea del Sur, escribió más tarde Harry S. Truman, habría abierto la puerta al retorno de las prácticas rapaces del pasado: «Si se hubiera permitido (la conquista de Corea del Sur), eso habría significado una Tercera Guerra Mundial, tal como incidentes similares provocaron la Segunda Guerra Mundial».

Después de 1945, Estados Unidos tenía un poder incontrastable. Podría haberse apropiado de los mejores territorios del mundo, pero, lejos de eso, construyó un sistema que defendía la independencia política y la integridad de los países más débiles. Tal vez una superpotencia pueda beneficiarse, a corto plazo, del desorden global, pero la experiencia de los últimos ochenta años enseña que, en última instancia, le iría mejor en un mundo libre de la anarquía que inevitablemente crea la expansión violenta y coercitiva.

Hay quien sostiene que la rapacidad expansionista decayó gracias a una mejora moral, o al trabajo de activistas y filántropos en pro del humanitarismo y la paz. No termina de convencerme el argumento. Es fácil comprobar que la humanidad siguió siendo capaz de todo tipo de horrores; los dictadores sanguinarios como Saddam Hussein no perdieron el interés en el expolio de sus vecinos y la opresión de su pueblo. La conquista decayó porque la oposición armada del país más poderoso del mundo y sus aliados la hicieron menos rentable que nunca. Ahora, sin embargo, esa disposición parece estar cambiando sin que la amenaza registre ninguna atenuación.

Si dejara de defenderse la prohibición de la conquista, Estados Unidos podría seguir siendo lo suficientemente temido como para impedir que otros países la transgrediesen de forma flagrante, pero al crear inseguridad para los Estados más débiles, estaría arruinando la confianza que necesita inspirar una superpotencia exitosa.

Si Estados Unidos decidiera ignorar el orden cuya implantación protagonizó, deberá dar por descontado que los demás tampoco seguirán respetándolo. Los oportunistas de todas partes buscarán su parte del botín. Las señales ya son preocupantes: el número de guerras entre Estados aumenta, y varias potencias regionales menores empiezan a reclamar derechos sobre territorios vecinos. Estados Unidos puede ejercer un expansionismo comparativamente benigno, pero otras potencias no serán tan moderadas si el revisionismo de las fronteras se convierte en la norma.

El peligro mayor es que un mundo que parecía a salvo de la conquista podría terminar convirtiéndose —como sucedió en la Primera y la Segunda Guerra Mundial— en un lugar donde incluso la superpotencia más distante y geográficamente aislada se vuelva insegura.

El fin de los finales

La circunstancia actual nos interpela con urgencia. Uso aquí la primera persona del plural para referirme al mundo occidental, a todos los que apreciamos la democracia liberal como el óptimo político de nuestro tiempo. Las tensiones entre quienes compartimos esa convicción no pueden hacernos olvidar lo precioso de nuestros vínculos. Porque nos enfrentamos a los mismos adversarios: nos desafían competidores globales, potencias que quieren demostrar la bancarrota de la democracia y que el autoritarismo es el futuro.

Si queremos ganar, si queremos que la democracia sobreviva, tendremos que probar que ese diagnóstico es tan prematuro como errado. Tendremos que poner a punto los argumentos de legitimación de nuestro sistema político. Sobre todo, tendremos que practicar la democracia con autenticidad y limpieza, respetando sus premisas y sus reglas, para evitar que nuestro descuido, nuestra torpeza, nuestra cobardía, alienten a quienes esperan heredar nuestro fracaso.

Se nos dijo que vivíamos en la posthistoria. Pero estamos asistiendo al retorno de todo lo que se describió como definitivamente caducado. En los años 1990, aparecieron tres libros: *El fin del trabajo*, de Jeremy Rifkin; *El fin de la historia*, de Francis Fukuyama, y *La fin des territoires*, de Bertrand Badie. Estamos viviendo el final de esos finales.

Una sucesión de crisis acentúa la idea de que la civilización occidental está perdiendo poder e influencia. Esta evolución amenaza el ciclo de la hegemonía occidental. Fue esta hegemonía la que ancló en gran medida en la cultura occidental las ideas de universalidad y progreso automático, nacidas de la Ilustración.

Pero nuestra cultura se nutre, además, de otros muchos valores, fruto de su historia: el Estado de derecho, el liberalismo político, la democracia, la separación entre religión y política, la igualdad entre hombres y mujeres, el respeto a la dignidad humana, la aspiración a la paz.

Antes de ser considerados bajo una luz universal y como la culminación última de un sentido posible de la historia, estos valores tuvieron su origen y fueron conformándose como reacción a circunstancias particulares: las guerras de religión, el absolutismo, la sociedad feudal. Esta constatación no debe llevarnos a dejar de afirmarlos. Por el contrario, necesitamos apoyarnos en ellos, como base de nuestra identidad cultural.

No pretendemos imponerlos a todo el mundo, pero cabe decir que son los que amamos y apreciamos; los que estamos dispuestos a defender en nuestra propia casa.

Defender hoy la democracia liberal desde Occidente será no darla por descontado. Se ha escrito mucho acerca del «desencanto democrático». Creo que lo que existe, más bien, es un desapego hacia la política en general. La fatiga democrática de que tanto se habla sería el correlato obligado de esa actitud. Rechacemos semejante letanía, pero tengamos el valor de preguntarnos si la democracia alberga en su seno gérmenes que pueden destruirla.

Cunde la simpatía hacia Gobiernos tecnocráticos, o hacia sistemas sin contrapoderes: algunos empiezan a oponer democracia y eficacia. Aquellos elogios hacia las autoridades chinas, al comienzo de la pandemia, debieron alertarnos. Esas corrientes de opinión reducen el espacio político a lo gerencial, postergando el proceso —siempre conflictivo— de alternativas sobre lo común perpetuamente renovadas. Denotan impaciencia por «zanjar la discusión».

Creo que para la democracia el riesgo principal no está en su presunta impotencia, sino en olvidar la dinámica que la sostiene. La democracia no es solo una determinada configuración del poder; implica un campo de experiencias mucho más vasto y complejo. Es una forma de convivencia política paradójica, porque institucionaliza el conflicto; un sistema en que lo común se expresa a través de los signos de la división. Por eso la vida democrática auténtica es tan difícil: exige aceptar la incertidumbre, y de ahí la tentación de un poder fuerte que releve a los ciudadanos del peso de elegir.

Las democracias no son débiles, sino frágiles. No es lo mismo. Son frágiles porque dependen de equilibrios delicados y requieren juego limpio. Pero no son débiles: su fragilidad lleva decenios desmintiendo la recurrente profecía de su final. No hace falta creer, sin embargo, que la democracia sea inmortal para defenderla. Mortal como todo lo humano, sus defensores deben atender, por eso mismo, a lo que puede acabar con ella: la lasitud, el agotamiento, la negación de sus principios. Niceto Alcalá-Zamora, desde su exilio argentino, resumía así la segunda experiencia republicana: «En la muerte de un régimen político, no hace falta autopsia: ha sido siempre por suicidio».

A mi juicio, la democracia liberal siempre corre un riesgo inherente a su naturaleza: descompensarse, dejar de ser democrática o dejar de ser liberal. Que uno de sus dos ingredientes esenciales se divorcie del otro y quiera vivir por su cuenta.

No hay democracia sin *demos*. La democracia es fruto de un contexto cultural que cree en las capacidades de la persona para manejar su vida. Según esa fe, el ciudadano no es un súbdito a quien dirigir, sino un adulto con capacidad y derecho a elegir su propia vida e influir en la colectiva. Chesterton sostenía que «lo esencial en los hombres es lo que tienen en común y no lo que los separa». Y que una de las cosas que tienen en común es precisamente el instinto o el deseo político. La tesis democrática, añadía, es que «el gobierno se parece a escribir tus propias cartas de amor, a sonarte la nariz y a otras cosas que uno quiere hacer por sí mismo, aunque las haga mal», ya que «la creencia democrática se resume en que las cosas más importantes, como la relación entre los sexos, la crianza de los hijos o las leyes del Estado, conviene dejárselas a las personas normales».

La democracia cree en el buen sentido compartido y en que las decisiones políticas son cuestión de prudencia, no de ciencia. El bien común de una sociedad no es un dato cierto, sino cuestión de opinión. Si fuera discernible por competencia técnica, solo habría una decisión posible. Eso piensan los que abogan por una gobernanza tecnocrática. En tal caso, el contraste entre visiones del bien común sería sustituido por un consenso técnico. Adiós al pluralismo y a la tolerancia: la ciencia no tolera hipótesis inverificables; las variables de una ecuación se despejan, no se votan.

La democracia debe mantener su condición de régimen popular. Con sinceridad. Hay políticos que convierten en eslogan el halago a «la gente». Pero dedican mucho más tiempo a sermonear que a escuchar a esa «gente» a quien, en el fondo, desprecian. Se tiene la impresión de que, si triunfasen, la democracia dejaría de ser un ejercicio popular para cambiar de gobierno y se convertiría en un ejercicio gubernamental para cambiar de población. Según esos gurús extraviados en el poder, comemos mal, bebemos demasiado, no educamos correctamente a nuestros hijos y usamos un léxico anticuado y ofensivo. Temo que estemos decepcionando a nuestros dirigentes… Si mirando hacia su altura reconociéramos colosos de virtud, tendrían disculpa. Por desgracia, no necesito extenderme en demostrar lo poco que podemos esperar por ese lado.

Un ejemplo de inmoralidad lesiva para la democracia: las promesas irrealizables. Expulsados de su suelo nativo —la tradición piadosa—, los milagros se han refugiado en la política. Todos los días oímos repetir, como lo más natural, que trabajando menos ganaremos más, que produciendo más caro se venderá más barato, que paralizando iniciativas se formarán voluntades enérgicas, que confiando los asuntos públicos a los incapaces se asegura una buena administración, que prometiendo a «la gente» la luna se demuestra sincero amor por ella, que con individuos pobres se forma una sociedad rica y que desorganizando el conjunto del que formamos parte se contribuye a la felicidad general.

Todo esto nos lleva al otro frente. ¿Democracia sin libertad? El populismo y los regímenes iliberales desprecian y buscan anular el componente liberal de la democracia. Son herederos de viejas ideas que han acompañado a la democracia desde que nació. Todas remiten a una inicial: pensar que cuando el poder tiene origen popular no necesita límites. Los totalitarios de todo pelaje creyeron siempre que el problema de la limitación del poder solo se plantea cuando la autoridad está mal constituida: cuando emana de un déspota o de una casta. Todo el pensamiento liberal ha sido una larga refutación de semejante yerro. Desde la polémica de Constant contra los jacobinos, pasando por el vaticinio de Tocqueville sobre el «despotismo mayoritario», hasta la «democracia totalitaria» analizada por Jacob Talmon.

Siempre y en cualquier parte, cuando la invocación del pueblo atropella el respeto a las minorías, el derecho de oposición, las garantías individuales, toda la urdimbre, en fin, del Estado de derecho, hay que despedirse de la democracia: existirá el nombre, pero no la cosa, porque ninguna democracia sobrevive a la muerte de la libertad.

El desafío actual a la democracia no termina ahí. La corrupción de su naturaleza, la perversión de su principio, son peligros que la acompañarán mientras viva. Pero hoy nos acucia, además, otra amenaza. Se desarrolla, como acabamos de ver, en sociedades y culturas para las que el modelo democrático ha dejado de ser envidiable e imitable. Como he repasado en este capítulo, los desafíos se multiplican: desde la China de Xi Jinping hasta el islam político, pasando por la Rusia postsoviética. La invasión de Ucrania es la expresión más evidente de esta peligrosa alteridad. Estamos obligados a constatar que, fuera de nuestro espacio democrático, la idea que moldeó una era ha perdido su estatus de modelo universal. Desde esos otros ámbitos ya no se ve la democracia como modelo insustituible, como objetivo final de la historia, sino como un régimen particular, defendido por Occidente.

Nada nos garantiza, al margen de nuestro esfuerzo, la perpetuidad de la democracia. Si queremos su supervivencia, estamos llamados a no darla por descontado, a cuidar su entramado institucional, a ejercer la perpetua vigilancia que es el precio de la libertad.

3

REVOLUCIÓN TECNOLÓGICA, TRADICIÓN HUMANISTA

Ahora me propongo abordar las implicaciones de la revolución tecnológica y, en particular, las que tienen que ver con el desarrollo vertiginoso de la inteligencia artificial y la biotecnología. Ya he dicho más arriba que este es uno de los fenómenos definitorios del cambio de era que estamos viviendo. Por tanto, es un tema ineludible. Tendré que referirme a cuestiones técnicas y dilemas éticos muy complejos, para cuya completa elucidación no poseo títulos suficientes. Por eso advierto que lo que sigue será una aproximación tentativa a un campo vastísimo, que merece toda nuestra atención, que ocupará cada vez más espacio en la agenda política y del que tan solo me atrevo a esbozar un planteamiento esquemático.

Hace algunos años, el filósofo alemán Odo Marquard definió la modernidad tardía como una «época de extrañamiento respecto del mundo», caracterizando nuestro tiempo por su disposición a oscilar entre la utopía y el apocalipsis, el entusiasmo por la redención en el más acá y la certeza de las catástrofes, los discursos enfáticos sobre el progreso y los vaticinios de la decadencia. Hoy, la aceleración del desarrollo tecnológico nos pone en el umbral de un «extrañamiento» aún mayor. Pese a ello, creo sensato partir de una postura realista y crítica: ni utópica ni apocalíptica. Describiré el impacto de la revolución tecnológica y, específicamente, el de la inteligencia artificial, abordándolo desde su contorno más visible, el económico y funcional, para luego seguir hasta el nudo de problemas éticos implicado en su desarrollo e implantación.

La IA y la «destrucción creativa»

En una economía de libre mercado, la innovación es el principal factor de crecimiento. Mediante la innovación se insertan en el proceso productivo técnicas e ideas que mejoran la productividad y hacen las empresas más competitivas, elevando niveles de vida, salarios y poder adquisitivo.

Quien innova está en mejor disposición para competir y expandirse; la innovación induce procesos de transformación que hacen transitar la industria tradicional hacia sectores basados en el conocimiento. En fin, la innovación es clave para obtener rentabilidad a corto plazo y crecimiento sostenible a largo.

Esta dinámica de la economía de mercado la sintetizó el economista austriaco Joseph Schumpeter en una conocida expresión: «destrucción creativa». La innovación altera el mercado poniéndolo en marcha, generando desarrollo. Los ciclos continuos de innovación y obsolescencia conducen el progreso. Continuamente, técnicas, procesos y productos nuevos desafían y acaban sustituyendo a los obsoletos en un proceso de cambio permanente.

La destrucción creativa orienta el crecimiento hacia métodos más eficientes y expansivos, pero también genera brechas y rupturas. Esa disrupción —en términos de empleo y tensión social— debe ser manejada políticamente. Renunciar al cambio y al progreso no sería regresar a ningún mundo mínimamente habitable: el crecimiento económico no es un mandato de la avaricia, sino la principal garantía de subsistencia, sobre todo para los que menos tienen. La tarea específicamente política, desde este punto de vista, es tratar de compensar los beneficios y los costes de la destrucción creativa, haciendo compatibles crecimiento sostenible y bienestar social.

La presencia creciente de la IA en las economías desarrolladas las está transformando radicalmente. Esta innovación no es meramente incremental, implica cambios en profundidad. El aprendizaje automático y la robótica con técnicas de IA alteran de arriba abajo el paisaje de la competencia entre empresas y las condiciones de trabajo. La afectación al empleo y la concentración de poder entre gigantes tecnológicos son los desafíos más visibles a que nos aboca el desarrollo de la IA.

Un desarrollo descrito con el símil de las oleadas sucesivas. Primero, unos dispositivos mecánicos sientan las bases para las computadoras digitales; luego, con esas computadoras se crea una infraestructura de datos digitales a partir de tecnologías electrónicas; siguiente oleada: desarrollo de la informática y el software que da origen a los algoritmos de inteligencia artificial para que, más tarde, las tecnologías de *big data*, computación en la nube y aprendizaje profundo difundan su aplicación. Lo que se vislumbra más allá son desarrollos que algunos conciben como posthumanos.

Lo cierto es que la IA ya ha transformado nuestras vidas. En sectores como la salud o la educación, su empleo es creciente y su impacto bien visible. Su proyección económica a corto y medio plazo resulta apabullante. Tanto es así que el valor de mercado global de la inteligencia artificial podría rebasar la barrera de los 300.000 millones de dólares estadounidenses en 2026. Los cinco gigantes tecnológicos están invirtiendo cantidades astronómicas y la competencia entre ellos es feroz.

Definiciones y aplicaciones

Llegados a este punto, conviene preguntarse de qué hablamos exactamente cuando nos referimos a «inteligencia artificial». Porque hasta su misma definición evoluciona más rápido que nuestra capacidad para asimilar conceptos tan novedosos.

Existe cierta polémica sobre su significado, pero casi siempre queda remitido a la «imitación del comportamiento humano inteligente». Por ejemplo, para Raynor, la IA es «el campo que se ocupa del desarrollo de técnicas que permitan a los ordenadores actuar de un modo que parezca el de un organismo inteligente, como lo haría un ser humano».

Aquí puedo adoptar como punto de partida las nociones más institucionales de la Unión Europea y la OCDE. Según la Comisión Europea, hablamos de inteligencia artificial para referirnos a «sistemas que muestran un comportamiento inteligente al analizar su entorno y tomar medidas, con cierto grado de autonomía, para lograr objetivos específicos». Por su parte, la OCDE habla de un «sistema basado en máquinas que puede, para un conjunto dado de objetivos definidos por humanos, hacer predicciones, recomendaciones o tomar decisiones que influyen en entornos reales o virtuales».

Lo cierto es que seguirán afinándose los conceptos mientras las aplicaciones de la IA se multiplican y se diversifican vertiginosamente. Ya se practica la integración de la IA con sistemas ciberfísicos y se camina hacia una mayor automatización y capacidad de toma de decisiones y de análisis predictivo. Lo que todavía limita la adopción industrial masiva de soluciones basadas en la IA son desafíos de tipo funcional: almacenamiento seguro de datos, integración con los sistemas existentes, consumo desproporcionado de recursos naturales.

Los campos donde está siendo mayor el uso de la IA son enormemente variados: automoción, robótica, comercio electrónico, educación, turismo, ingeniería, agricultura, negocios, previsión meteorológica, medicina, transporte, finanzas y otras industrias.

El empleo médico y sanitario de la IA es un ejemplo relevante para apreciar su impacto. Existe ahí un potencial muy importante de mejora, en todo lo relativo a la atención del paciente, el ahorro de costes, las posibilidades de diagnóstico temprano o el desarrollo farmacológico. Todo esto reviste una enorme importancia en entornos demográficos como el que describimos más arriba, de envejecimiento poblacional y tensionamiento de los sistemas sanitarios.

El sector del comercio electrónico es otro campo donde la IA se está convirtiendo en un factor de ventaja competitiva decisivo. Y lo mismo puede decirse respecto del mundo financiero, la automoción o el transporte. Aunque, sin duda, lo que más capta la atención del público es todo lo relacionado con la robótica: aquí la IA faculta a los robots para interpretar e interactuar con su entorno como hasta hace muy poco solo era concebible mediante intervención humana. El ejemplo de los humanoides Erika y Sophia, con sorprendentes habilidades comunicativas, habla con suficiente elocuencia de las perspectivas abiertas por esta tecnología.

El precio del progreso. Kissinger y los robots

La «destrucción creativa» es una fórmula que no desconoce los costes de la renovación continua que impulsa el progreso. Schumpeter era muy consciente de que el dinamismo de la economía de mercado genera desajustes temporales, turbulencias de las que hacerse cargo. El impacto de la IA no se sustrae a ese esquema. Por eso resulta ineludible ponderar los efectos potencialmente negativos y, en general, todas las fricciones a que da lugar un reajuste de las dimensiones implicadas en el desarrollo de tecnologías tan novedosas. La cualificación laboral, el reciclaje educativo y la capacidad de adaptación van a ser, inexcusablemente, cuestiones prioritarias para quienes no quieran ser arrastrados por esta ola y arrojados al confín de la irrelevancia o el sometimiento.

Es imposible deslindar eficiencia económica y controversia ética en el desarrollo de la IA. En un primer nivel de análisis esto se ve con claridad a la hora de aplicar esta tecnología a sus distintos usos. Es obvio que, en la asistencia sanitaria, por ejemplo, la implantación de la IA exige establecer marcos regulatorios que preserven los datos y la privacidad de los pacientes; en el mundo financiero, el uso de los algoritmos sirve para prevenir fraudes, pero también debe ser transparente y auditable si queremos evitar abusos; cuando se generalice la producción de vehículos autónomos será importante estudiar el cuadro normativo y ético al que esas máquinas deban someter su capacidad de decisión.

Al medir los avances de esta tecnología, algunos analistas hablan de una próxima «ola» en que la demanda de mano de obra humana irá disminuyendo al ritmo que aumente la capacidad autónoma de la IA para desarrollarse, cruzando límites que desafían nuestros marcos mentales y que dan lugar a controversias de contenido antropológico y filosófico.

Todo esto era la preocupación más acuciante de Henry Kissinger al final de su vida y a cuyo estudio dedicó, precisamente, su último libro. Escrito en colaboración con Eric Schmidt y Craig Mundie, *Génesis* era su segundo estudio sobre el impacto transformador de la IA.

El libro se centra en cuestiones existenciales para la humanidad: cómo cambiará nuestra percepción de la realidad, cómo evolucionará nuestra forma de conocer el mundo, qué consecuencias tendrá todo ello en la política, la seguridad, la ciencia y cuáles podrán ser las estrategias para el futuro. Combinando historia, conocimiento científico y filosofía, la obra de Kissinger sostiene que estamos presenciando no solo una revolución tecnológica, sino una nueva etapa en la evolución del espíritu humano.

Para navegar en medio de este temporal, los autores de *Génesis* se aferran a un valor último: la dignidad humana. Ahí radicaría la característica distintiva de lo humano: una cualidad inherente a seres vulnerables y mortales, libres para elegir entre opciones morales, entre el bien y el mal. Esta premisa subraya la necesidad de controlar sistemas de IA que «comprendan» y «respeten» valores humanos. Los autores van todavía más allá al cuestionarse si la IA pudiera en un futuro más o menos próximo desarrollar criterios morales propios.

Me interesa sobre todo cómo en *Génesis* se examina el potencial de la IA en la medicina y la ciencia. Al tiempo que relacionan las impresionantes posibilidades que brinda, los autores reflexionan con mucha audacia sobre los dilemas éticos que apareja. La tesis que se abre paso tiene que ver con este concepto: la «coevolución» de la humanidad con la IA. Se sugieren dos enfoques acerca de la relación entre hombres y máquinas: el primero consistiría en empoderar a los humanos, adaptándolos a la nueva tecnología y facultándolos para esta interacción; el segundo enfoque daría prioridad a incidir sobre la IA para alinearla con valores humanos. Ambas perspectivas suponen desafíos éticos de mucho calibre y la posibilidad de que la identidad humana quede erosionada por el camino.

Génesis termina con un llamamiento a enfrentar el desafío y las oportunidades de la IA con «optimismo sobrio», combinando confianza y cautela. Este nuevo comienzo requiere una redefinición de valores, instituciones y prioridades para converger con la realidad de un mundo progresivamente afectado por la IA. En ese proceso, el valor de la dignidad humana y la claridad moral son reivindicadas como pautas orientadoras.

Tras la lectura del libro de Kissinger, uno queda persuadido de que la expansión de la IA no es solo cuestión de lógica, racionalidad económica y eficiencia, sino un viaje para el que nos hará falta estar bien equipados de espíritu, valores y responsabilidad moral. En una palabra, de lo que siempre hemos llamado humanidades.

La humanidad del hombre

Georges Bernanos escribió en *Francia contra los robots*: «Una civilización no se derrumba como un edificio; sería mucho más exacto decir que se vacía poco a poco de su sustancia, hasta que no queda más que la corteza. Con más exactitud, podría decirse que una civilización desaparece con la clase de hombre, con el tipo de humanidad que ha salido de ella». Lo que en 1947 preocupaba a Bernanos era la desaparición de la libertad humana, víctima de una versión productivista de la modernidad: la sustitución del hombre por un número y del trabajo humano por la máquina alimentaba en su pensamiento la perspectiva de un totalitarismo de nuevo cuño. La vieja Europa liberal en que las libertades permitían viajar sin pasaporte o no facilitar al Gobierno la huella digital estaba dando paso a inercias que podían abocar a que el ciudadano enajenara todo —incluida su conciencia— a cambio de protección y seguridad. Bernanos falleció un año después de publicar su requisitoria, mucho antes de la aparición de las nuevas tecnologías de la información y de una inteligencia mecánica que se postula como «parahumana» o incluso «posthumana».

Aquí creo que conviene hacer un primer distingo. La noción de «inteligencia» es más rica de lo que se suele predicar y no puede reducirse a potencia de cálculo. Tiene que ver con tender puentes entre acontecimientos o ideas; la

palabra inteligencia proviene etimológicamente del verbo la-
tino *intelligere*, unir cosas. La inteligencia humana es proteica,
y la inteligencia artificial no podrá suplantarla por completo.
Sobre todo, porque la IA no tiene ni sentimientos ni conciencia de sí misma (autoconciencia), al menos de momento.
Y esta cautela temporal abre un campo muy vasto para la
especulación. Porque los expertos anticipan varios escenarios:
el primero sería que el ChatGPT-4 nunca tuviera una versión más potente; el segundo sería que la IA se desarrollara,
pero que no llegara a lo que se conoce como inteligencia
artificial general, que superaría al cerebro humano en todos
los ámbitos de trabajo —la mayoría de los expertos cree
en este escenario tan preocupante—; y, por último, el de la
«superinteligencia», dentro de unos diez años, que estaría
inconmensurablemente más desarrollada que la inteligencia
humana, según profetiza Sam Altman, presidente de OpenAI
y creador de ChatGPT.

Siempre se ha dicho que la técnica es neutral y que los
juicios morales sobre ella deben quedar referidos a sus aplicaciones. Respecto de la IA, y con carácter general, yo diría
que esas aplicaciones consisten en una ampliación fabulosa
de posibilidades en cuanto a: acumulación y disponibilidad de
información; variedades de comunicación personal; dilatación
del mundo accesible; ahorro de esfuerzo e instantaneidad,
incluida una alteración del sentido del tiempo.

Del mismo modo, las aplicaciones de la IA pueden suponer
una serie de limitaciones y riesgos genéricos: automatización
del saber; tendencia a la cuantificación; propensión simplifica-
dora de lo real; reducción de lo humano a los modelos de las
ciencias naturales; limitación del saber a lo técnicamente dis-

ponible; mecanización: renuncia a una razón auténticamente humana; y peligros potenciales para la libertad: facilitar métodos de control social o de lo que el filósofo Gabriel Marcel llamaba «técnicas de envilecimiento».

En todo caso, no caben actitudes reaccionarias. Cuando se alcanza un nivel de desarrollo, el ser humano se instala en él necesariamente. Debemos contar con el nivel tecnológico alcanzado. La cuestión es saber aprovechar sus posibilidades y defendernos de sus riesgos. Hacer un uso humano del avance técnico. Me atrevería a formular de manera preliminar algunos criterios sobre el manejo de la IA: usarla para librarnos del pensamiento inercial, acumulativo, y dejar sitio al creativo; resistir el tratamiento codificante de todo lo humano y, en cualquier situación, defender la libertad asumiendo su riesgo y su responsabilidad.

Creo también importante saber distinguir entre cuestiones tecnológicas y cuestiones de índole antropológica. Y recordar siempre que detrás de la máquina está el maquinista, detrás del algoritmo la persona humana. La responsabilidad moral residirá siempre en ella.

El debate pendiente

Estas no son consideraciones abstractas. Hoy sabemos que se piensa en el diseño de «robots asesinos» para uso militar y consta una alta probabilidad de que haya capacidades de IA integradas en los drones kamikaze rusos que operan en Ucrania. También se discute la posibilidad de aviones no tripulados gestionados mediante IA.

Asimismo, me preocupa otro riesgo intuido por Ortega en otra época, pero muy vigente: la «barbarie del especialista». Cuanto más complejo es un objeto técnico, menos necesario le es a su usuario final saber cómo funciona. Lo que parece una paradoja podría acabar siendo una banalidad: que un desarrollo técnico muy acelerado nos aleje del verdadero espíritu científico, convirtiéndonos en bárbaros provistos de un utillaje muy sofisticado cuyas claves solo entiende una minoría en posición dominante.

En el plano de lo estrictamente político, no hace falta recordar riesgos que son evidentes y empiezan a resultarnos demasiado familiares: *deepfakes*, creación de noticias falsas, manipulación de campañas y procesos electorales…

Finalmente, una cuestión existencial de alto bordo, la del «transhumanismo». Que ya tiene sus profetas, los que abogan por un ser humano «aumentado» recurriendo a la IA; los que anuncian el colapso inminente de lo humano y apuestan por él; los que vaticinan que pronto alcanzaremos un punto definido como «singularidad» en que el progreso humano no subirá un peldaño más, sino que cambiará de escalera: porque el último paso en la conquista de la naturaleza sería la conquista de la naturaleza humana, y ese paso no se parecerá a ninguno anterior.

Es cierto que en el debate público actual hay una cantidad asombrosa de catastrofismo y de utopismo sobre la IA y sus implicaciones. Los expertos están demasiado absorbidos por los detalles técnicos y normativos, mientras que los responsables políticos suelen limitarse a enunciar principios generales. Ambos planteamientos son útiles, pero, para que pueda iniciarse una conversación política constructiva, será esencial considerar la inteligencia artificial desde una suerte de distancia intermedia: ver sus particularidades técnicas a la luz de su carácter general y comprender sus implicaciones más amplias a la luz de sus usos prácticos.

En esencia, se trata de una tecnología analítica que aprende patrones complejos a partir de datos de entrenamiento y luego se basa en esos patrones para hacer predicciones sobre nuevos datos. Con una potencia de cálculo modesta, a eso ya estábamos acostumbrados. Pero con el acceso a cantidades ingentes de datos y una enorme capacidad de cálculo, las respuestas de la IA a preguntas complejas parecen aproximarse cada vez más a las de un ser humano.

Recurrir a fondos de información existente para producir un nuevo incremento en respuesta a un estímulo es justo lo que hace la acción humana inteligente. No solo la memoria, sino el juicio humano en muchos campos es producto de una exposición prolongada a patrones complejos de información. Desarrollamos habilidades para saber qué es lo que debe venir o puede venir a continuación. La IA puede desarrollar y aplicar una capacidad similar a mayor escala y de forma mucho más rápida que la humana, y esa escala y velocidad no harán sino crecer.

Entendida en estos términos, la IA tiene puntos fuertes y puntos débiles particulares, que deberían ayudar a definir tanto la percepción pública de lo que presagia como el enfoque que los reguladores adopten al respecto. No todas las cuestiones políticas pueden responderse desde un nivel intermedio entre la abstracción y los detalles, pero los debates públicos deberían empezar por ahí.

Patrones y sesgo algorítmico

Una de las implicaciones de ver la IA desde esta distancia intermedia está relacionada con su potencial creativo y sus límites. La IA generativa es inherentemente innovadora: traza un patrón a partir de un conjunto de datos y luego lo amplía más allá de esa información. Sin embargo, sería un error confundir esta innovación incremental con una creatividad desestabilizadora. La creatividad de la IA —como algunos tipos de creatividad humana— no es precisamente disruptiva, sino continua con los patrones existentes de nuestra experiencia.

Esta extensión de patrones puede abrir nuevas perspectivas en muchos ámbitos. En campos como la bioquímica, la meteorología y otros en que los investigadores se esfuerzan por asimilar una inmensa complejidad natural con sus herramientas, la IA tiene el potencial de lograr avances realmente radicales.

Pero, en el ámbito de modelos creados por el hombre —en las ciencias sociales, las artes, las humanidades, la cultura y la mayor parte de nuestra experiencia cotidiana—, esa IA podría ser, por el contrario, una fuerza de continuidad, conformidad y convencionalismo. Eso no quiere decir que no vaya a producir nada nuevo. Solo significa que producirá cosas nuevas siguiendo las pautas de las ya existentes.

Pero esta IA *tradicionalista* podría tener sus lados oscuros. Los riesgos que plantea pueden estar menos vinculados con la disrupción radical que con la rigidez o la conformidad. Se empieza a ver esto con motivo de la parcialidad y los sesgos. Resulta que ChatGPT responde a cuestiones políticas y culturales con la sabiduría convencional que produjo los datos sobre los que se ha entrenado.

Y el problema podría ser todavía mucho más profundo. Si la inteligencia artificial responde a nuestras indicaciones bajo la dirección de sus programadores, su creciente influjo tenderá a hacer que nuestra cultura se parezca cada vez más a lo que ya es, reforzando sus prejuicios y limitando su desarrollo.

Habrá que desplegar mucho talento, mucha creatividad y mucha responsabilidad a la hora de afrontar el manejo regulatorio de la IA. Un exceso de restricciones impediría la innovación; una ausencia total de normas que lo fiara todo a la autorregulación tampoco parece bastar. Encontrar un punto de equilibrio no será fácil. En todo caso, creo que aumentarán exponencialmente las posibilidades de extravío si no se parte de premisas prudenciales anteriores al debate político porque, en el fondo, la IA nos está haciendo una pregunta muy incómoda y previa, la pregunta acerca del significado de lo humano.

Humano, transhumano y posthumano

Hoy es arriesgado dar definiciones de la naturaleza humana. Por muchas razones, la antropología se ha vuelto una ciencia polémica. Nuestra época siente cualquier noción fija como un grillete. Bauman encontró en lo «líquido» la imagen que mejor la caracteriza. Si todo cambia en el flujo de la historia, también lo hará el hombre. Si somos aquello en que nos convertimos, no habrá límites (¿quién los establece?) a lo que podemos llegar a ser. Si toda norma moral permanente se entiende como un tabú irracional, ¿cuántas prohibiciones sobrevivirán a una humanidad en flujo?

En todas las culturas, las fronteras antropológicas están balizadas por creencias, tradiciones y costumbres. Cuando ese depósito se agota, la ausencia de referencias estables provoca crisis de orientación que pueden conducir a paisajes francamente extraños.

El filósofo alemán Günther Anders, intuyó, a mediados del siglo XX, dilemas muy contemporáneos. El título de su obra maestra, *La obsolescencia del hombre*, lo dice todo. Le debemos esta historia: «Mi amigo moribundo mira la bombilla que cuelga de su habitación de hospital y dice: si podemos reemplazar las bombillas, ¿por qué no podemos reemplazar a los hombres?». El hecho de que las máquinas no tengan alma ni personalidad sería una facilidad añadida para que su función fuese «inmortal». Toda la corriente transhumanista y posthumanista, que hoy llega hasta Kurzweil, arranca de esa intuición de Anders: el hombre es insuficiente, su naturaleza necesita ser rehecha y para perfeccionarse debe reducirse a lo racional-mecánico, ya que el residuo irracional en él es la causa del mal y la imperfección.

El científico futurista Raymond Kurzweil anuncia la era de la postbiología: la vieja naturaleza humana, tan endeble, debe ser superada. Se adivina detrás la tesis marxista de que la humanidad actual vive en su prehistoria, que la verdadera historia está por venir. Kurzweil actualiza un marxismo sin terror en el que la utopía de la sociedad perfecta ha dado paso a la utopía del individuo perfecto. En el futuro próximo descrito por Kurzweil y Donna Haraway, una humanidad mejorada ignoraría las divisiones entre humanos/máquinas, vivos/no vivos, naturaleza/artificio, hombre/mujer. La muerte ya no sería un presupuesto ontológico, sino una forma histórica y contingente. Porque, según los posthumanistas, no debemos ver la muerte como hecho antropológico, sino como fracaso terapéutico en espera de cura. Según ellos, la nueva humanidad será tan radicalmente diferente que se abrirá una brecha entre los «aumentados» y los otros, los rezagados de la especie.

Son muchos los autores —Georges Balandier, Zygmunt Bauman, Céline Lafontaine— que han señalado hasta qué punto el posthumanismo es gnóstico, es decir, avanza argumentos religiosos mientras rechaza las religiones. La inmortalidad del posthumanismo es una versión aberrante de la eternidad cristiana.

En la distopía posthumana, la condición para la supervivencia de una humanidad que haya suprimido la muerte será no tener hijos, por una simple razón de espacio y recursos explotables. Pero una vida sin generaciones, ¿sigue siendo una vida humana? Las fantasías de Kurzweil no son sueños, son pesadillas. Escenarios que recrean la trama de aquel magnífico relato, «El inmortal», en que Borges nos advierte que tener un tiempo infinito por delante sería condenarse a la esterilidad y el tedio, y decretar la abolición del amor y la piedad.

Al discurso transhumanista, por otro lado, lo caracterizan tres rasgos fundamentales. Primero, la propuesta de pasar de una medicina terapéutica a una medicina de la «aumentación» mediante la ingeniería genética y la hibridación. Por ejemplo: la visión puede devolverse a los invidentes, en algunos casos, mediante el implante de un chip detrás de la retina. Esta posibilidad está todavía en el cuadro de la medicina terapéutica. Pero el día en que ese implante nos permita tener una visión de ave rapaz, pasaremos de lo terapéutico a lo «aumentativo».

La segunda característica es un nuevo tipo de eugenesia cuya fórmula sería «del azar a la elección»: se trata de pasar de la aleatoriedad desigual de la lotería genética a la elección deliberada de una mejora a la carta a través de la ingeniería genética.

La última característica, auspiciada por la filial biotecnológica de Google, Calico, persigue a corto plazo la prolongación de la vida humana en unos veinte años de media, y como proyecto a largo plazo la lucha contra el envejecimiento y la muerte. La Universidad de Rochester ha conseguido aumentar en un 30 por ciento la vida de ratones transgénicos. Los seres humanos no son ratones, pero el proyecto de hacer con ellos lo mismo está en marcha con una financiación colosal de Google; todo un estímulo para la reflexión.

En el fondo, el transhumanismo se basa en una antropología de la frustración: querer «aumentar» al ser humano es conceptuarlo como ser deficiente. Desde siempre, la medicina terapéutica ha querido reparar la naturaleza; el transhumanismo quiere destruirla. Desde el momento en que la técnica abandona la medicina para pasar a la «aumentación», está manifestando su desprecio por la debilidad y la fragilidad.

Detrás de todo esto hay una forma de antihumanismo, un rechazo a las limitaciones que definen al hombre: la fragilidad, la vejez, la enfermedad y la muerte. Sin embargo, los últimos hallazgos de la cronobiología muestran cómo estos límites forman parte de nuestras vidas, incluso de nuestras células. Muchos biólogos describen la renovación permanente como una «inscripción de lo efímero en el corazón de la vida». Esta es nuestra condición. Es bueno que la medicina luche por la vida; pero negará la vida humana cuando trate de suprimir la muerte. Si se reemplazasen nuestros cuerpos mortales, órgano por órgano, por piezas de máquina, ¿seguiríamos siendo humanos?

Muchos desafíos antropológicos no tardarán en tener que ser enfrentados desde la política. Y el peligro es que abramos los ojos cuando las grandes mutaciones hayan tenido ya lugar. El reto de hoy es recuperar el poder sobre nuestro propio poder. Solo redescubriendo el sentido de lo humano podremos recuperar el control de nuestro destino común.

El tecnooptimismo que quiere persuadirnos de que todos los problemas se pueden resolver mediante el progreso tecnológico es absurdo. La técnica solo desplaza las dificultades a otro nivel. El transhumanismo sería una solución si percibiésemos nuestros cuerpos como un problema. Debemos, por tanto, resistirnos a la idea de que la técnica podría disolver la política en soluciones preconstruidas. Nuestros debates políticos ceden demasiado a menudo a esta facilidad, pidiendo a los «expertos» que resuelvan por nosotros nuestros propios problemas.

Imaginar el futuro: la biotecnología

Pensar las consecuencias de la revolución tecnológica es pensar en el futuro. Es, inevitablemente, especular y predecir, imaginar cómo nuestras vidas podrían verse afectadas por nuevas herramientas, nuevos métodos y nuevos poderes. La mayoría de los argumentos sobre la tecnología dan voz a diferentes tipos de expectativas sobre el progreso y el cambio, y a distintas clases de intuiciones sobre el carácter de la vida humana. El debate público está moldeado por diferentes formas de imaginar el futuro, al menos tanto como por el potencial específico de un nuevo dispositivo o técnica.

Las nuevas perspectivas para manipular la vida humana, mejorar las facultades físicas o mentales, remodelar el ciclo de la vida o ejercer un control sin precedentes sobre nuestro yo biológico están cada vez más presentes en nuestras controversias. Defensores y críticos tienden a estar de acuerdo en una cosa: la tecnología desempeñará un papel fundamental en la configuración del futuro de la humanidad. Pero la forma en que concebimos ese papel tiene mucho que ver con la forma en que pensamos en el futuro en general.

En estos debates cada contendiente suele tener en mente alguna imagen específica del futuro, ya sea una tecnoutopía posthumana o algún ideal nostálgico. Pero, en su mayor parte, ninguno pretende saber exactamente lo que se avecina, y todos reconocen que el futuro no producirá ningún estado permanente o estable, sino un experimento dinámico y en constante evolución.

Detrás de los argumentos que nutren los debates sobre el impacto futuro de la tecnología se esconde un conjunto de suposiciones rudimentarias. Según el politólogo norteamericano Yuval Levin, al que seguiré en este punto, esos supuestos tienden a converger en dos grandes escuelas: una piensa en el porvenir en términos de innovaciones futuras, y la otra lo hace en términos de generaciones futuras.

La antropología de la innovación

Imaginar el futuro en términos de innovación significa, fundamentalmente, imaginar el cambio en términos de nuevas ideas, y pensar en la vida como una serie de experimentos y elecciones individuales. Se trata de preguntarnos cuál es la mejor manera de fomentar la innovación y cómo las nuevas ideas a las que se permite prosperar pueden alterar la vida humana. Para bien o para mal, el futuro estará moldeado por las innovaciones y los avances del presente. El progreso, en este sentido, es posible gracias a las mejoras en nuestro conocimiento y comprensión, nuestras habilidades, nuestras instituciones, nuestra tecnología y nuestro control sobre la naturaleza y el azar.

Por supuesto, siempre existe el peligro de que podamos abusar de nuestros nuevos poderes, o incluso de que nos corrompan; pero también hay razones para creer que aprenderemos a usarlos de manera responsable y que mejorarán nuestras vidas y nuestro mundo.

Levin apunta que esta visión tiende a ser favorecida por los «libertarios de todos los partidos», aquellos que se oponen a cualquier restricción política sobre las nuevas tecnologías. No por tecno-optimismo ingenuo, sino porque comparten una fe en los procesos que impulsan la innovación y el progreso en una sociedad libre, y creen que impedir estos procesos, o incluso tratar de controlarlos de antemano, solo empeorará las cosas. No niegan que puedan surgir serias dificultades, pero argumentan que pueden superarse con el mismo método que mejor sirve a la innovación: el ensayo y el error gobernados por la elección individual. Esta comprensión del futuro implica que la política más constructiva y sensata con respecto a lo nuevo es poner el menor número posible de restricciones en el camino de la innovación y el menor número posible de límites al poder de elección del individuo.

Esta «antropología de la innovación» se basa en el reconocimiento de la complejidad y la volatilidad de la vida humana, y en el sentido de que tanto las buenas como las malas ideas pueden surgir de fuentes totalmente inesperadas, de modo que al pensar en el futuro debemos estar preparados para lo inesperado y hacerle sitio. Después de todo, sería lamentable perder un posible avance solo por no haber podido imaginarlo. «Por humillante que pueda ser para el orgullo humano —escribió Friedrich Hayek—, debemos reconocer que el avance e incluso la preservación de la civilización dependen de un máximo de oportunidades para que ocurran accidentes».

Esta visión se atiene a una lógica familiar; inspira gran parte del diseño institucional de la democracia liberal, la economía de mercado y nuestro individualismo cultural, y probablemente ha sido responsable de más libertad, prosperidad y felicidad humana que casi cualquier otro conjunto de ideas en la historia de la raza humana. Es muy afín a los modos de pensamiento que subyacen en el ideal moderno del progreso, y también coincide con la visión del mundo de la ciencia moderna y su devoción por la experimentación, la libertad para indagar y explorar, y la fe en el progreso indefinido. Sin embargo, puede que esta visión —sobre todo, en su versión más extremada— también adolezca de algunas debilidades.

La tentación utópica

La primera debilidad es la inclinación al utopismo, con todas sus excentricidades y peligros. Y esto a pesar de que la antropología de la innovación no es del todo utópica en sentido convencional: no visualiza un estado final ideal, estable y dichoso hacia el que tiende toda innovación. Más bien imagina un proceso abierto, mediante el cual las nuevas ideas y los nuevos conocimientos se convierten en nuevos poderes y se ponen al servicio de la búsqueda de la felicidad.

A pesar de todo, como sugirió Hans Jonas en *El principio de responsabilidad*, este punto de vista puede ser utópico en otro sentido, y especialmente en el contexto de la biotecnología, porque acepta, al menos como una opción, la posibilidad de alteraciones profundas y potencialmente permanentes en la condición humana. Las perspectivas de la selección o manipulación genética de la memoria o el control de la personalidad; de la extensión radical de la vida, y otras posibilidades biotecnológicas similares se suman a la perspectiva de conquistar nuestra propia naturaleza y convertirla en un objeto de manipulación y diseño. En la práctica, esto implica alteraciones de aquellas facetas de la naturaleza humana que siempre fueron el telón de fondo con el cual se han medido todos los demás cambios. Si nuestra naturaleza está disponible, y nuestras inclinaciones y deseos intrínsecos pueden ser manipulados, entonces ninguna de esas limitaciones restringiría las ambiciones utópicas.

No obstante, estos son puntos de vista extremistas, excepcionales incluso entre los futuristas libertarios de hoy. La mayoría de los amigos de la innovación no son posthumanistas.

Su utopismo consiste más bien en su disposición a contemplar la reconstrucción radical de la condición humana como alternativa de futuro. Esta inclinación acredita cierta falta de moderación y una voluntad de desconectar el mañana del ayer y del hoy. Son indicios alarmantes, pero no implican que la antropología de la innovación sea inherentemente fanática, o siquiera equivocada.

Antropología de las generaciones: el «desafío del niño»

Creo que el segundo defecto de esta visión del futuro, como señala Levin, representa una objeción mayor contra ella. En pocas palabras, quienes imaginan el futuro en términos de innovación tienden a pensarlo como algo que nos sucederá y, por lo tanto, como algo que debe ser juzgado en función de los intereses de quienes ahora vivimos, de la generación presente.

Pero el futuro está poblado por otras personas, personas que aún no han nacido, que deben entrar en el mundo y ser iniciadas en los caminos de nuestra sociedad, para que algún día puedan convertirse en adultos racionales. Paradójicamente, lo que falta en la visión del futuro basada en la innovación es el elemento del tiempo, o al menos su consecuencia humana: la sucesión de las generaciones.

La irrupción constante de nuevas generaciones humanas en nuestro mundo nos recuerda que, incluso mientras abrimos un camino hacia lo nuevo, siempre corremos el riesgo de retroceder hasta los orígenes bárbaros de la humanidad, porque siempre nos enfrentamos a la necesidad de incorporar a nuestro nivel civilizatorio a nuevos seres humanos. La antropología de la innovación quisiera conjurar esta complicada realidad. Lo hace ignorándola, pero en sus formulaciones más extremas es fácil percibir los esfuerzos para protegerse del «desafío del niño». Por ejemplo, en la visión posthumanista hay un deseo de pensar en un futuro monopolizado por la generación presente, cancelando las generaciones futuras.

La crítica de Levin recuerda aquí el caso de William Godwin, futurista del siglo XVIII, que imaginaba un futuro, libre de «enfermedad, angustia, melancolía y resentimiento», en que la gente pudiera vivir casi para siempre, y el progreso dependiese de la ausencia de hijos. «El conjunto será un pueblo de hombres, y no de niños, no habrá generación tras generación, ni la verdad tendrá que reiniciar su carrera cada treinta años».

Pero el hecho de que la verdad tenga que reiniciar su carrera «cada treinta años», es decir, que cada nueva generación entre en el mundo sin saber nada de ella, es un rasgo definitorio de toda sociedad humana. Los niños no comienzan donde sus padres lo dejaron. Comienzan donde comenzaron sus padres, y donde todos los seres humanos han comenzado, y la sociedad debe encontrarlos allí y educarlos para el mañana.

Marcos del progreso

Imaginar el futuro en términos de generaciones significa, fundamentalmente, preocuparse por la continuidad. La continuidad biológica no garantiza la continuidad cultural, porque el progreso intelectual no deja ninguna huella biológica en nuestros descendientes. Entran en el mundo como lo hicimos nosotros: indefensos e ignorantes de casi todo. Lidiar con este desafío constante e iniciar a las nuevas promociones en los caminos de la civilización es el reto interminable y trascendental que enfrenta toda sociedad.

Si la tarea de iniciación y continuidad falla en una sola generación, entonces la cadena se rompe, los logros de nuestro pasado se pierden y se olvidan, y se abandona el potencial para un progreso significativo. En este sentido, la barbarie, más que la perspectiva de una victoria humana final sobre las limitaciones naturales, está siempre a la vuelta de la esquina.

Como señala Hannah Arendt en «La crisis en la educación», dentro de su obra *Entre el pasado y el futuro*, la tarea pedagógica es iniciar a un nuevo hombre en un mundo viejo y, por lo tanto, asumir una doble responsabilidad: la iniciación del niño y la continuación del mundo. El niño se protege en el seno de una familia que a su vez se fortalece y refuerza con una cultura amiga de su causa. Y el mundo se protege mediante la transmisión de la cultura y la civilización.

El trabajo de la cultura es el trabajo de cultivar las almas humanas, proporcionándoles alimento y protección a medida que crecen. La cultura proporciona las condiciones previas sin las cuales una sociedad no podría lidiar con el desafío de la natalidad. Esta es una de las principales razones por las que los conservadores, a quienes más atrae la antropología de las generaciones, se preocupan tanto por la cultura y las costumbres.

Al pensar en un mundo profundamente influenciado por alguna nueva tecnología o innovación, los partidarios de este enfoque la juzgarán no solo por la forma en que podría mejorar o degradar su propia vida, sino también por la forma en que podría mejorar o disminuir la capacidad social para criar y atender a la próxima generación. Por lo tanto, juzgan las innovaciones de forma diferente a quienes piensan en el futuro según los intereses del presente.

Este afán y esta visión del mundo, sin embargo, padecen dos inconvenientes muy serios, que los conservadores no siempre están dispuestos a admitir o resistir. El primero es una exageración de las amenazas a la infancia y a las generaciones futuras, y una postura excesivamente protectora que amague convertir la política en una rama de la pediatría. El impulso de proteger a los niños de la exposición al mundo amenaza con asfixiarlos si no está ligado a un esfuerzo por iniciarlos y exponerlos también a ese mundo. No debemos ir demasiado lejos en la estimación de la vulnerabilidad de la próxima generación.

El segundo inconveniente es la tendencia a confundir el proyecto de transmisión con uno de congelación. Esta sería la contraparte reaccionaria del impulso utópico. Comienza con una tendencia a idealizar el pasado, y cae en una nostalgia ciega que se caricaturiza a sí misma. Es la postura de los extremistas del partido de la transmisión, los hermanos enemigos de aquellos posthumanistas alojados en los márgenes del partido de la innovación.

Comparto la conclusión de Yuval Levin: la lección de la «antropología de las generaciones» no es tanto que el pasado deba ser preservado a toda costa, ni siquiera que el cambio deba ser gobernado en cada uno de sus detalles. Eso no solo es imposible, sino completamente indeseable. Más bien, la cuestión sería facilitar la posibilidad futura de un conjunto de cosas muy básicas, centradas especialmente en la crianza y la educación de los jóvenes.

La profecía de C. S. Lewis

Creo que vale la pena preservar los arreglos sociales y políticos que han pasado la prueba del tiempo. Creo también que la carga de la prueba la tiene siempre el proponente de una innovación radical contra un uso habitual. Los objetivos y las innovaciones humanas siempre han tenido que parangonarse con la naturaleza humana, y eso ha funcionado para moderar proyectos peligrosamente imprudentes.

Las tecnologías desarrolladas para descartar enfermedades, por ejemplo, también están disponibles para descartar otros rasgos biológicos, y es probable que la capacidad de manipulación e ingeniería se vuelva mayor con el tiempo. Este nuevo poder traerá consigo consecuencias graves y pesadas cargas de responsabilidad. Porque seríamos responsables del carácter de la próxima generación de una manera inédita, y al mismo tiempo, al ejercer nuestra influencia en el nivel de la biología en lugar de la educación moral, podríamos restringir de forma grosera la libertad de nuestros descendientes. En lugar de nuevas personas en un mundo viejo, las generaciones diseñadas por nuestra biotecnología serían personas hechas a la medida de nuestras preferencias, en un mundo desvinculado de los límites que definieron el pasado y, por lo tanto, poco capaz de generar las sorpresas que definen el futuro.

C. S. Lewis comprendió muchas de las consecuencias de nuestro creciente poder sobre el hombre en 1944, aunque no previó los medios tecnológicos puestos hoy a nuestro alcance. En *La abolición del hombre*, escribió:

A veces se pinta el cuadro de una emancipación progresiva de la tradición y un control progresivo de los procesos naturales que resulta en un aumento continuo del poder humano. En realidad, si una época alcanza realmente, por medio de la eugenesia y la educación científica, el poder de hacer de sus descendientes lo que le plazca, todos los hombres que vivan después de ella serán sujetos pacientes de ese poder. Serán más débiles, no más fuertes, porque, aunque hayamos puesto máquinas maravillosas en sus manos, habremos preordenado cómo deben usarlas. El cuadro real es el de una época dominante —supongamos el siglo centésimo d. C.— que resiste a todas las épocas anteriores con el mayor éxito y domina todas las edades subsiguientes de la manera más irresistible, y por lo tanto es el verdadero amo de la especie humana.

«El porvenir necesita provenir»

El filósofo Odo Marquard, del que antes referí su caracterización de nuestro tiempo como «era del extrañamiento respecto del mundo», recuerda que no podemos desembarazarnos de nuestra procedencia; tampoco sería lícito: la aspiración de someterlo todo a reglas radicalmente nuevas es una ambición desmesurada para el ser humano, cuya capacidad de dominio se encuentra limitada por el hecho de que siempre muere demasiado pronto. Marquard no es ningún reaccionario, simplemente nos advierte de que la herencia de la tradición es menos un lastre que una protección. En sus propias palabras: «No cabe atribuir al ser humano una capacidad de cambio libre e ilimitada. El futuro necesita del pasado: en cada futuro engendrado mediante transformación debe conservarse un mínimo de procedencia histórica, que supere con creces el alcance del cambio; de lo contrario, la transformación fracasa y acaban siendo destruidos los seres por mor de los cuales se deseaba un cambio: los seres humanos». Marquard sintetizaba este pensamiento en una expresión: «El porvenir necesita provenir».

La dificultad tanto de la antropología de la innovación como de la antropología de las generaciones es que ambas revelan algo verdadero sobre el futuro, pero también nos ponen en riesgo de confundir presente y futuro, ya sea por no imaginar el progreso o por no imaginar un mundo del que estemos ausentes.

Con todo, me parece que la antropología de las generaciones ofrece un relato más completo y reconocible de la verdad de la condición humana. Pero, sin duda, no del todo, y si hemos de asegurar las condiciones previas para el progreso, debemos recordar que lo hacemos porque el progreso es bueno e importante para nosotros, y no porque simplemente deseemos preservar el mundo que hemos conocido. Debemos tener cuidado de no caer en las trampas del pasadismo y evitar el deseo equivocado de una recuperación total del pretérito. Nunca fue tan bueno como creemos recordar que fue. No se trata de añorar el pasado sino de admirar el futuro trazado por los que nos precedieron, y tratar de construir uno no menos admirable para los que vendrán después.

4

EUROPA Y EL RETORNO DE LA HISTORIA

Quiero comenzar este capítulo recordando la idea que se hacía de Europa uno de los primeros abogados de su integración, Ortega y Gasset. Escribió el filósofo: «Europa no es solo futuro, (es) algo que está ahí, ya desde un remoto pasado. Más aún, que existe con anterioridad a las naciones, hoy tan claramente perfiladas». Quería decir que Europa no es solo algo que haya que hacer, sino, antes que eso, algo que no hay que deshacer. No consiste tanto en una lejana aspiración; Europa existe y es una realidad anterior a las naciones europeas.

Es innegable que en los dos últimos siglos prevaleció entre los europeos el sentimiento de diversidad sobre el de unidad. Expresiones del triunfo de esta tendencia fueron el principio de las nacionalidades durante el siglo XIX y las dos guerras mundiales del siguiente. Solo después de la última, que llevó a los europeos al borde de la destrucción, resurge el afán de unión entre ellos.

Con la globalización, por primera vez la historia es realidad universal con escenario único. Y esta realidad ha sido, en gran medida, obra de pueblos europeos, empezando por los hispánicos. Pero la mundialización también pone fin a la Edad Europea de la historia. Cayó el Muro, implosionó el imperio soviético y se creyó que el «dulce comercio», por sí solo, pacificaría cualquier tensión; se soñó con el «fin de la historia».

La historia ha vuelto. Y ha desvanecido muchas ingenuidades. Europa ha despertado de su sueño irenista. Estamos asistiendo a reacciones inéditas e imprevisibles: unidad en la respuesta a la agresión rusa, rearme alemán… Aunque es pronto para los diagnósticos definitivos, Europa parece haber aprendido lecciones que algunos creían olvidadas.

Por ejemplo, hemos recordado que, al margen de sus deseos personales, el político no tiene más remedio que inspirar su conducta en las condiciones objetivas de la circunstancia, y la verdad de la nuestra es que no podemos ignorar una agresión criminal a un país vecino y a valores compartidos. La invasión rusa de Ucrania nos ha hecho recordar la historia de la extinta Unión Soviética.

Aprendimos de ella a valorar en su justa medida el pacifismo incondicional, ese que sitúa en el mismo plano al agresor y al agredido. También aprendimos que esa propaganda sirve mejor que ninguna otra a los fines imperialistas. La «paz» usada como instrumento táctico es arma de doble filo. De una parte, desmoraliza al adversario, que se ve acusado de ser enemigo, en primer lugar, de la paz misma. De otra parte, estimula las fuerzas propias: uno de los medios mejores de empujar a la guerra es explotar el idealismo extraviado. También hemos aprendido que existe un amor a la paz más auténtico, sin propósito ulterior. Sentirlo no nos exime de saber que la política internacional es implacable y que nuestra integridad no tiene más garantía que la entereza con que defendamos nuestro derecho. Cualquier sociedad debe conocer los peligros que la rodean y comprender que, aunque no quiera, puede encontrarse implicada en una guerra, porque la guerra no depende de su sola voluntad.

Suele repetirse que Europa se construye a golpe de crisis. La que ha supuesto la agresión rusa a Ucrania ha reanimado en ella su voluntad de ser. Parece claro que su *statu quo* no volverá a ser el de antes. Nuestra anterior inacción ha acabado teniendo consecuencias provocadoras y ahora estamos asistiendo a una guerra de desgaste en la que Rusia apostará a la baza de nuestra falta de cohesión.

Europa se construyó sobre el proyecto de sustituir los conflictos del pasado y los argumentos de la fuerza por la primacía del derecho y el mercado. La guerra en Ucrania ha demostrado que el comercio no impide el regreso de los conflictos armados; por su parte, el aliado estadounidense asume hoy que la afirmación desinhibida del poder prevalece sobre cualquier regla multilateral. La circunstancia presente supone así, para Europa, un verdadero desafío existencial.

En suma, la historia ha regresado y las naciones europeas deben plantearse con urgencia, para estar a la altura del tiempo que nos toca vivir, cómo defender sus intereses y cómo dotarse de los medios para poder hacerlo. Todas nuestras políticas tendrán que ordenarse de acuerdo con este imperativo estratégico, si no queremos ser, definitivamente, un continente periférico condenado a padecer el juego de las grandes potencias.

Repliegue estadounidense, despliegue europeo

Con Friedrich Merz como canciller, Alemania está alcanzando un punto de inflexión decisivo: invertirá masivamente en seguridad, reconstruirá su defensa y volverá a la energía nuclear. En la Unión Europea está en marcha el programa EDIP, que tendrá un gran impacto en la industria de defensa de nuestros países.

La preocupación por la seguridad cunde de forma generalizada. El destino de nuestro continente se decide entre potencias que nos ignoran. Para salir de esta situación de vulnerabilidad, no solo debemos fortalecer nuestra defensa. Hoy por hoy, todo es geopolítico: recuperar la prosperidad, facilitar la expansión de nuestras empresas, apoyar la producción agrícola, reconstruir la enseñanza y la investigación. Todo esto era una necesidad hace tiempo; ahora, es una emergencia.

La familia política de los populares europeos tiene palancas suficientes para actuar. En 2019, contaba con siete Gobiernos de veintisiete; tras las elecciones en Alemania, Europa registra quince Gobiernos de centro-derecha, y el Grupo Popular es decisivo para cualquier mayoría que quiera articularse en el Parlamento Europeo. Eso implica una gran responsabilidad. El PPE tendrá que asumirla para sacar a Europa de la asfixia reguladora, para solventar el déficit de seguridad de nuestros países, para proteger nuestras fronteras.

El regreso de Donald Trump a la Casa Blanca debe ser visto como una oportunidad para los europeos, que les haga salir finalmente de su letargo y tener claras sus responsabilidades. Durante varios mandatos, Estados Unidos ha priorizado sus intereses por encima de sus alianzas; con el presidente Trump, esta tendencia es ya una actitud crudamente explícita. Tendremos que aceptar que, si nos desentendemos del destino de nuestros países, no habrá nadie que los defienda por nosotros.

El equilibrio de poder vuelve a ser el lenguaje de las grandes potencias. Nos enfrentamos a regímenes autoritarios decididos a demostrar que la democracia es una forma obsoleta de organización de las sociedades. Las apelaciones a la paz y a los buenos sentimientos no bastarán. Debemos desear una paz en libertad y con soberanía si queremos evitar ser golpeados por la guerra algún día. Esta es la gran lección de la historia europea reciente. Desde este punto de vista, los europeos —y los españoles en particular— enfrentamos retos existenciales: nuestro declive económico e industrial, nuestra deuda y el deslizamiento estructural de nuestros déficits, la crisis de nuestras escuelas y de nuestra investigación… Son factores que nos hacen vulnerables al retorno de las lógicas desinhibidas del poder.

La gran conmoción para los europeos no es solo el regreso de la guerra a nuestro continente, sino el hecho de que, al mismo tiempo, Estados Unidos está cambiando radicalmente de rumbo. Distintas administraciones estadounidenses lo habían advertido antes que el presidente Trump, aunque de forma más edulcorada: los países europeos se han desentendido durante demasiado tiempo del esfuerzo de defensa, externalizando su coste hacia Estados Unidos y dando por hecho que esa situación podía perpetuarse. Tanto demócratas como republicanos tenían razones de peso para reprocharnos cierta falta de compromiso en términos de seguridad.

Pero Estados Unidos no solo está abandonando a Europa a su suerte: en las Naciones Unidas, ha llegado a votar con

Rusia, Corea del Norte y Venezuela una resolución que lo enfrentaba a los países europeos. Es difícil saber hasta dónde llegará esta trayectoria. Y tampoco se trata de dar lecciones morales, sino de adoptar una postura lúcida. Esta situación pone a los europeos de cara a su propia responsabilidad. Deseo y espero que Estados Unidos siga siendo nuestro aliado: a medio y largo plazo, tenemos demasiados principios e intereses comunes que defender. Necesitamos mantener el diálogo abierto para preservar y reconstruir nuestros vínculos. Pero para que eso suceda, también tendremos que ser tomados en serio. Hoy por hoy, el respeto hay que volver a merecerlo, no se da por sentado.

La circunstancia actual invita a pensar en la mejor manera de disuadir a las potencias que pudieran albergar intenciones hostiles hacia nuestros países: Rusia, pero también China, que está liderando una carrera armamentística mensurable por el número de ojivas nucleares que produce.

La disuasión nuclear es decisiva, pero no es suficiente. La disuasión debe ser multifactorial. Al comienzo de la guerra en Ucrania, se aludió a la dimensión nuclear; pero, en última instancia, el conflicto acabó movilizando medios convencionales. Y entre los más abundantemente empleados, el dron. Un arma poco sofisticada, pero devastadora en el frente. Por lo tanto, creo que los europeos debemos preguntarnos cómo construir un fundamento disuasorio convencional en paralelo con nuestras capacidades nucleares.

También desde España debemos ser capaces de influir en el diseño de las políticas de defensa comunitarias, evitando que toda la atención bascule en exclusiva hacia el este. El flanco sur no debe ser olvidado ni postergado. No es casual ni fortuito que China, Rusia y otros adversarios estratégicos estén tomando posiciones decisivas en el continente africano: en muy poco tiempo podría ser usado como base de operaciones para desestabilizar Europa mediante amenazas híbridas. La presión migratoria, ya utilizada por Rusia, Bielorrusia y Turquía contra países europeos, puede organizarse mañana desde África con propósitos desestabilizadores.

España y la defensa europea

Mientras en España se discute el maquillaje semántico de realidades desagradables, con el propósito banal de eludirlas, la Comisión Europea ha eliminado la restricción presupuestaria de los Estados miembros para endeudarse por encima del 3 por ciento de su PIB y poder así incrementar su inversión militar volviendo a poner entre paréntesis las reglas fiscales. Se estima que esto liberará 650.000 millones de euros.

No se trata de un préstamo europeo, sino de una inversión de los Estados en su propio rearme. Los 150.000 millones de euros restantes hasta completar una cifra total de 800.000 serán recaudados por la Comisión para financiar préstamos a los Estados miembros sujetos a condicionalidad. Por tanto, cada Estado de la Unión deberá planear con cuidado una inversión de semejante volumen. En el caso de España, no sería en absoluto tolerable que el Gobierno adoptara disposiciones arbitrarias en esta materia. La rendición de cuentas aquí es inexcusable y el ámbito para hacerlo está definido constitucionalmente: las Cortes Generales; es allí donde debe presentarse, debatirse y, en su caso, aprobarse un plan de inversión en defensa a la altura de las circunstancias.

No pueden hurtarse a los ciudadanos los términos del debate: por primera vez en décadas la seguridad europea está comprometida. Es cierto que el apremio en dotarnos de unas capacidades ausentes hoy día es proporcional a la incuria de muchos años. Lo prudente habría sido invertir ese 2 por ciento de PIB en defensa desde hace varios decenios, pero el paraguas norteamericano garantizaba hasta ahora que los discursos buenistas —incluida la propuesta de suprimir el Ministerio de Defensa— salieran gratis. Cuando la ideología entra por la puerta, la prudencia sale por la ventana, y ahora toca pagar, con intereses, la póliza por el riesgo asumido al descuidar la actualización de nuestras capacidades militares.

Toca plantear este debate en los términos más rigurosos posibles. Avanzo las que me parecen premisas inexcusables de cualquier planteamiento serio. En primer lugar, debe tenerse presente que, siendo imprescindible la inversión, ella por sí misma no garantiza la defensa. Si no se calibra bien, podrían aumentarse una serie de partidas sin incrementar en nada la seguridad nacional. Deben desterrarse intereses partidistas o empresariales que distorsionen el objetivo del gasto que va a planificarse.

Hay que invertir en necesidades reales, y eso implica tener clara una estrategia de seguridad nacional donde figuren bien identificadas. No se trata de dilapidar recursos públicos con la simple finalidad de alcanzar una cifra y cumplir el expediente.

Habrá que definir claramente la dirección del rearme y tener en cuenta que la defensa europea desborda las fronteras de la Unión. Al respecto, es significativo que cada vez más documentos comunitarios aludan a «Europa» para incluir en tal mención al Reino Unido. También habrá que decidir para qué queremos las nuevas capacidades de las que vamos a dotarnos. Probablemente haya que desarrollar un nuevo modelo de reserva para sacar partido de efectivos disponibles de alta cualificación. La revolución tecnológica impacta de lleno en el campo de la defensa y eso implicará procesos de adaptación muy exigentes.

Nada de esto puede hacerse de espaldas a la opinión pública en una democracia. La necesidad de desarrollar en España una verdadera cultura de defensa viene de lejos y es otra política de Estado que exige grandes acuerdos nacionales capaces de trascender intereses partidistas de corto plazo. Políticas de Estado y acuerdos de Estado implican sentido de Estado en quien tiene que liderar su diseño y puesta en práctica.

Comercio y geopolítica

Este libro se escribe al compás de una sucesión aceleradísima de rupturas; no ceder al vértigo exige mirar un poco más allá de la última conmoción. Cuando se redactan estas líneas, todavía no está clara la evolución del desafío comercial lanzado contra el mundo por el presidente Trump. Una serie de anuncios y rectificaciones que, hasta la fecha, solo han generado incertidumbre y reacciones precipitadas.

Donald Trump, desatando su tormenta arancelaria, hizo lo que había prometido. Es decir, cuestionar radicalmente un aspecto central del orden internacional creado por el propio Estados Unidos: la apertura al libre comercio. Siempre me ha parecido paradójico el papel de víctima que el trumpismo asigna a la primera potencia económica del planeta. Los partidarios de MAGA (*Make America Great Again*) parecen ignorar que su país nunca ha sido tan grande como cuando ha ejercido el liderazgo global. Atrincherarlo tras una alambrada arancelaria no parece la mejor forma de elevar su estatura. Buscar en los ingresos —que produzcan unas tarifas estimadas arbitrariamente y justificadas como represalia— el colchón que permita recortar gasto público y rebajar impuestos no es un cálculo que prometa funcionar. Unos aranceles concebidos sin racionalidad económica, como puro instrumento político, perjudicarían, en primer lugar, a la economía norteamericana, generando inflación y mermando su capacidad competitiva. El nacionalismo económico y el populismo político son la peor receta para crecer y prosperar.

Creo que cuando se la amenaza, Europa debe responder con firmeza. Pero sin olvidar que los países no se confunden del todo con sus Gobiernos. Y eso vale para Estados Unidos tanto como para España. En el largo plazo, lo que cuenta es la trayectoria histórica, y no creo que Europa deba desistir, de ninguna forma, de un vínculo atlántico tan estratégico como civilizatorio: resignarse a la mutilación de Occidente sería tanto como renunciar a lo que nos constituye como civilización.

Así que Europa, que es también un mercado de 450 millones de consumidores, debe hacer valer su peso económico. Pero, además, está en la obligación, por pura supervivencia, de promover condiciones de competitividad e innovación que permitan garantizar en su espacio el empleo, el crecimiento y el bienestar. Y para eso necesitará abrir mercados y actuar asumiendo su condición de potencia comercial.

En la fundación FAES, que presido, hemos venido abogando desde 2006 por un área abierta de libre comercio transatlántico. Creo que esa es la contraoferta que Europa puede y debe sostener para cuando remita una fiebre proteccionista que tiene en Norteamérica tantos contradictores como a este lado del océano. Mientras tanto, las respuestas contundentes no deben convertirse en coartadas para olvidar que Europa es un mercado, sí, pero también una civilización atlántica, y eso implica vínculos que permanecen e incompatibilidades que no pueden ignorarse.

Mirando a España, es muy de lamentar que, en circunstancias de máxima gravedad, se carezca siquiera de un proyecto de presupuestos generales del Estado y que nuestra estabilidad política dependa de los dictados de un prófugo de la justicia a quien el Gobierno entrega, voluntariamente, su continuidad en el poder. Por eso, en vez de contar con un planteamiento estratégico a la altura de los tiempos, en España escuchamos anunciar, como prioridad política, la oficialidad del idioma catalán en el ámbito comunitario.

En el plano de lo puramente geopolítico es donde mejor se aprecia este «retorno de la historia» al que ya me he referido. Las declaraciones expansionistas del presidente Trump dan idea de la presión que ejercerá Estados Unidos para lograr sus prioridades; pero también son síntoma de cierta fragilidad europea. Un presidente norteamericano no habría tratado así a la Europa de hace veinte años, cuyo PIB superaba al de Estados Unidos. En aquel momento éramos una potencia económica con la que había que contar y un aliado políticamente serio y comprometido.

Esta constatación debe llevarnos a reflexionar sobre nosotros mismos, sobre lo que nos ha ocurrido. El primer deber que impone la situación es obtener un diagnóstico lúcido y afrontar los esfuerzos que demande, por exigentes que sean. Existen condiciones de posibilidad para que las democracias europeas puedan ser actores históricos y habrá que reconquistarlas una por una: trabajo y libertad, sin los que no hay riqueza colectiva; capacidades militares y fronteras sólidas, sin las que no hay seguridad; y exigencia educativa e innovación científica, sin las que no hay futuro.

En el mundo que se está configurando, Europa no podrá abrirse paso limitándose a ser una potencia normativa. No hay muro regulatorio que nos ponga a salvo de una competencia global cada vez más desinhibida. No será dedicándole sermones morales al presente histórico como lograremos superarlo y remontar nuestro declive. Si no queremos ser expulsados de la historia, tendremos que redescubrir la lógica del poder. Y esto implica, como primera providencia, el retorno a una economía competitiva, porque hoy la prosperidad es una cuestión geopolítica. Habrá que trabajar más, exportar más, innovar más: la renuncia a todo esto no podrá compensarla ningún paquete regulatorio ni ningún freno administrativo.

Nuestros competidores nos preocupan porque ya no estamos a su altura. Sin embargo, no hay nada inevitable: hace veinticinco años, el sector de las nuevas tecnologías en Estados Unidos se encontraba en grandes dificultades, el principal productor de acero del mundo era europeo y España era un ejemplo de disciplina fiscal. Pero nuestro país, como otros muchos en Europa, eligió después priorizar el consumo por encima de la producción y el ahorro, financiando un modelo social insostenible mediante sucesivos incrementos del gasto público, empantanándose en una espiral de deuda y déficit comercial. Es esta trayectoria la que debe revertirse con carácter urgente. Acusar a Trump y a Musk de nuestras debilidades es tanto como escurrir el bulto por haberlas propiciado nosotros mismos.

En el entorno inflacionista en que se desenvuelve la economía europea, nuestros problemas no vienen tanto de una reacción insuficiente del Banco Central Europeo, sino de una política monetaria de tipos de interés bajos prolongada en el tiempo que ha usado las compras masivas de activos de deuda como estímulo de la actividad económica. Las compras del BCE apoyaron a países como España, con mucho déficit y deuda y, por tanto, con gran dificultad para financiarse en los mercados. Pero esa no es una dinámica ni sostenible ni deseable a largo plazo. Y el largo plazo de anteayer es la dura realidad de hoy. La evolución desde la crisis financiera de 2007, en los países del euro, de los déficits y de la proporción de deuda sobre PIB, justifica una preocupación responsable. Entre 2007 y 2022 se ha pasado de un cumplimiento bastante aceptable de los parámetros del Pacto de Estabilidad a un incumplimiento abultado y generalizado. Y subrayo que el Pacto de Estabilidad y Crecimiento de 1997 ha salvaguardado, dentro de lo razonable, a la unión monetaria y a la moneda única desde su creación. Sus fundamentos no deben precarizarse: siendo un pilar básico de la construcción europea, comprometerlos sería tanto como comprometer la viabilidad misma de la Unión. La moneda única es condición de supervivencia: su salud y la posibilidad del proyecto europeo corren parejas.

Si los fundamentos económicos de la Unión Europea deben ser sólidos, no menos importante es recuperar tono político. Estamos entrando en un ciclo histórico en que volverá a ser determinante el equilibrio de poder. Podemos deplorarlo, pero es un hecho. Estados Unidos será nuestro aliado en la medida en que serlo sirva a sus intereses. Y tenemos intereses comunes, por supuesto, ante el ascenso de China y el eje que la vincula a los grandes competidores autoritarios del mundo occidental, Rusia e Irán.

Estados Unidos y la Unión Europea tendremos que demostrar, juntos, que las democracias no están condenadas a eclipsarse. Pero para cooperar en este propósito, los europeos debemos fortalecer todos los factores estratégicos que hacen viable nuestro futuro político.

Demografía y flujos migratorios

La tasa global de fecundidad indica la fecundidad a nivel de reemplazo mostrando el número promedio de niños que sería suficiente para reemplazar a ambos padres dentro de la población. Durante medio siglo, las tasas globales de fertilidad en Europa han sido subsustitutivas. Los 27 Estados de la Unión están un 30 por ciento por debajo de la tasa de reemplazo.

La caída mundial de los niveles de fertilidad sigue siendo un misterio en muchos sentidos. En general, se cree que el crecimiento económico y el progreso material explican el deslizamiento hacia tasas de natalidad marcadamente bajas. Dado que la disminución de la tasa de natalidad comenzó con el ascenso socioeconómico de Occidente, muchos observadores suponen que las tasas de natalidad más bajas son simplemente la consecuencia directa de los avances materiales. Pero la verdad es que los umbrales de desarrollo para obtener tasas de fertilidad por debajo del reemplazo han ido disminuyendo con el tiempo. Hoy en día, los países pueden registrarlas con bajos ingresos, niveles limitados de educación, poca urbanización y pobreza extrema.

Existe una ingente cantidad de investigaciones sobre los factores que podrían explicar el fenómeno de la disminución de la fertilidad que viene acelerándose desde finales del siglo XX. El descenso de la mortalidad infantil, el mayor acceso a la anticoncepción, el incremento de las tasas de educación y alfabetización, la participación femenina en el mundo laboral… todos estos posibles determinantes y muchos más han sido examinados exhaustivamente por los académicos. Pero no se alcanzaban explicaciones concluyentes.

Hasta que, en 1994, el economista Lant Pritchett determinó que existe una correspondencia casi total en todo el mundo entre los niveles de fertilidad y el número de bebés que las mujeres dicen querer tener. Este hallazgo subrayó el papel central de la volición en los patrones de fertilidad. ¿Qué explica entonces la tan extendida realidad de tasas por debajo del nivel de reemplazo? ¿Por qué las familias con uno o ningún hijo se están volviendo tan habituales en todo tipo de países, ricos y pobres?

No aspiro a despejar totalmente esa incógnita. Pero creo obvio constatar que hemos asistido durante los últimos años a una auténtica revolución en la familia. Los sociólogos hablan del fenómeno de la «huida del matrimonio», por el que se retrasa cada vez más el momento de asumir compromisos estables o no se asumen en absoluto; los nuevos modelos familiares tienen en común su distancia cada vez mayor con la rigidez institucional de la familia tradicional. Se valora cada vez más la autonomía, la autorrealización y la comodidad en detrimento de valores que apuntan a la permanencia y el sacrificio personal.

Sea como fuere, el consenso entre las autoridades demográficas hoy en día es que la población mundial alcanzará su punto máximo a finales de este siglo y luego comenzará a disminuir. Algunas estimaciones sugieren que esto podría suceder tan pronto como en 2053, otras lo retrasan hasta la década de 2070 o 2080. Lo cierto es que la despoblación trastocará los ritmos sociales y económicos conocidos. No quedará más remedio que ajustar expectativas para adaptarse a un mundo más despoblado y envejecido, con las consecuencias que eso pueda tener para el crecimiento económico y los sistemas de bienestar social en los países ricos. Sin cambios significativos en las estructuras de incentivos, en las políticas fiscales y en el gasto social, la disminución de la fuerza laboral, la reducción del ahorro y la inversión, los desembolsos sociales insostenibles y los déficits presupuestarios anuncian un porvenir muy comprometido para el mundo desarrollado. Y no debería extrañar demasiado: si las familias se marchitan, la sociedad se vuelve incapaz de soportar las cargas del progreso.

No resulta fácil imaginar cómo se afrontará el eclipse de la familia, pero aquí me basta con apuntar la necesidad de hacerlo. Y recordar, de paso, que, si los Gobiernos tratan de llenar la brecha, la experiencia acumulada de siglo y medio de política social sugiere que el Estado es un sustituto terriblemente oneroso de la familia, y nada óptimo.

Los avances tecnológicos —la robótica, la inteligencia artificial, los cibercuidadores y los ciberamigos— pueden llegar a hacer alguna contribución hoy por hoy difícil de evaluar. Pero, de momento, esa perspectiva pertenece más al ámbito de la ciencia ficción, si no al de lo puramente distópico. Al respecto, me parecen muy interesantes las conclusiones a que llega Christine Rosen en un libro de reciente publicación: *The Extinction of Experience* (La extinción de la experiencia). Esta investigadora explora cómo la era digital ha alterado nuestra percepción de la realidad. Para Rosen, nuestra dependencia de los *smartphones* y las redes sociales genera una experiencia de vida vicaria que puede anular las interacciones directas y sensoriales, lo que debilita nuestras habilidades de empatía y comprensión emocional.

Creo que la mejor respuesta para los desafíos que debe afrontar Europa en el medio y largo plazo está inventada. La misma fórmula que extendió la prosperidad durante el siglo XX puede garantizar nuevos avances en el XXI y más allá, incluso en un mundo marcado por la despoblación. La esencia del desarrollo económico moderno es el aumento continuo del potencial humano y un clima de actividad económica propicio, enmarcado por políticas e instituciones que ayuden a liberar el potencial de los seres humanos. Con esa fórmula, India, por ejemplo, ha eliminado prácticamente la pobreza extrema en el último medio siglo.

Si los patrones actuales de mano de obra y gasto continúan, los países envejecidos y despoblados carecerán de ahorros para invertir en crecimiento o incluso para reemplazar la infraestructura y el equipo antiguos. Los incentivos actuales, en definitiva, están seriamente desalineados para el advenimiento de la despoblación. Sin embargo, las reformas políticas estructurales y las respuestas del sector privado pueden acelerar los ajustes necesarios. Para adaptarse con éxito, los Estados, las empresas y los individuos tendrán que dar prioridad a la responsabilidad y al ahorro.

Las estrategias migratorias realistas serán beneficiosas para las sociedades en trance de despoblación y envejecimiento. Lograr políticas migratorias competitivas y asegurar el apoyo público para ellas será una tarea difícil pero inexcusable y prioritaria para los futuros Gobiernos.

Sociedad abierta y fronteras

No es fácil abordar el debate sobre la inmigración. En Europa se ha cargado de connotaciones. Se tiene la sensación de estar ante el típico tema del que resulta difícil hablar, porque, tras haber sido silenciado durante mucho tiempo por lo políticamente correcto, acaba irrumpiendo en la esfera pública y resulta explotado por lo políticamente abyecto.

En buena medida, la inmigración es un tema capturado por la extrema derecha populista: hay un discurso xenófobo que cree erróneo por principio, para la comunidad política, admitir inmigrantes no conformes con determinado estereotipo racial o cultural. Entre los políticos moderados muchos apoyan controles estrictos de los flujos migratorios en la práctica, pero se abstienen de justificarlos. No es fácil aducir argumentos para limitar la inmigración sin proyectar una imagen negativa.

Creo que debe partirse de una idea: los Estados pueden estar justificados a la hora de adoptar políticas de relativa contención de los flujos migratorios si así lo deciden. Si los Estados tienen un deber moral de admitir una clase especial de potenciales inmigrantes (los refugiados), también tienen derecho a controlar —a manejar— la inmigración económica que les llega.

Existe un discurso que considera la apertura total como un ideal; para esa visión, casi podría decirse que la mejor política migratoria sería la que no existe: los flujos no deberían ser objeto de gestión política dado que esa visión postula la abolición de fronteras y una mundialización no solo comercial sino también política. Son posturas utópicas, pero que impregnan el debate político cotidiano, haciendo pasar cualquier posición favorable al ordenamiento de los flujos como racista, xenófoba o simplemente nacionalista; en el otro extremo, la derecha alternativa populista fomenta este esquema, haciendo buena la caricatura de la izquierda. Este es un campo típico en que la derecha liberal corre el riesgo de ser emparedada.

No creo que se deba renunciar a la «sociedad abierta» ni al liberalismo. Tampoco creo en utopías progresistas sobre un mundo sin fronteras (y, por tanto, sin política, posthistórico), ni veo nada positivo o siquiera tolerable en el enconamiento nacionalista. Creo que la sociedad abierta no tiene alternativas practicables ni moralmente aceptables, pero también que el grado de apertura de nuestras sociedades puede ser objeto de debate legítimo: una «sociedad abierta» nunca podrá estar totalmente «abierta» si quiere seguir siendo «sociedad».

Siguiendo en esto a Giovanni Sartori en aquel libro tan premonitorio, *La sociedad multiétnica*, diré que la buena sociedad es la sociedad pluralista. Sin entender por pluralismo una etapa previa al multiculturalismo, es decir, a la política que promueve las diferencias étnicas y culturales. Pluralismo y multiculturalismo me parecen concepciones antitéticas. La elasticidad de la sociedad abierta está puesta a prueba tanto por las reivindicaciones multiculturales internas (es el caso de los Estados Unidos), como por la intensa presión de flujos migratorios externos (el caso de Europa). Y ante esta última situación, la teoría del pluralismo se topa con el problema de los «extraños o extranjeros». ¿Hasta qué punto la sociedad pluralista puede acoger sin desintegrarse a extranjeros que la rechazan? Y, al contrario, ¿cómo se hace para integrar al extranjero, al inmigrado de otra cultura, religión y etnia muy diferentes?

La idea misma de integración postula que debe haber algo en lo que integrar. Que la sociedad de acogida no es un mero contenedor, un receptáculo vacío. En palabras del propio Sartori:

> Hablar de comunidad mundial es pura retórica, es vaporizar el concepto de comunidad. A mí me parece, por el contrario, que el animal humano se agrega en coalescencias y se agrupa como subespecie del animal social, con tal que exista siempre un límite, una frontera (móvil, pero no anulable) entre nosotros y ellos. Nosotros es nuestra identidad; ellos son las identidades diferentes que determinan la nuestra. La alteridad es el complemento necesario de la identidad: nosotros somos quienes somos, y como somos, en función de quienes o como no somos. Toda comunidad implica clausura, un juntarse que es también un cerrarse hacia afuera, un excluir. Un nosotros que no está circunscrito por un ellos ni siquiera llega a existir.

En la polémica sobre fronteras y sociedad abierta, un joven teórico francés, Vincent Le Biez, utiliza una imagen tomada de las ciencias naturales que puede resultar muy gráfica: los organismos vivos, como las sociedades humanas, son sistemas abiertos. ¿Significa eso que no necesitan fronteras? Evidentemente, no. La frontera es una característica absolutamente esencial de un sistema complejo, a través del cual se comunica e intercambia con su entorno, pero también gracias al cual se distingue del mismo. Existen mecanismos muy específicos (la presencia de una membrana alrededor de las células, la piel que envuelve a un animal o su sistema inmunitario) emplazados para distinguir un «fuera» y un «dentro», un «sí mismo» y un «no yo». Cumplen una función central en biología permitiendo que el organismo vivo perdure en un estado estable pero distinto del mero equilibrio con su entorno (que representaría su muerte). Lo que llamamos homeostasis, la capacidad de mantener un equilibrio interno a pesar de las evoluciones más o menos bruscas del entorno (la temperatura corporal constante al margen del frío o del calor ambiente).

Sin fronteras, la humanidad sería una sopa de individuos indiscernibles. Ahora bien, una de las propiedades esenciales de una membrana biológica es asegurar una «permeabilidad selectiva». Según esta idea, no debe verse una frontera ni como si fuera un muro ni como si fuera un puente; no es una cosa ni la otra. Es más bien una puerta cuyo grado de apertura resulta de una decisión política. El nivel óptimo de permeabilidad de las fronteras es siempre una decisión política, en particular, de política migratoria y política comercial.

Para los partidarios de la sociedad abierta y de una visión no utópica sino política del liberalismo, las fronteras siguen siendo necesarias y, por tanto, es necesaria también una política migratoria.

Más allá del control de fronteras

La creciente inmigración que ha experimentado Europa y muchos países americanos durante los últimos años ha generado cambios relevantes en nuestra forma de relacionarnos, y plantea desafíos de primer orden con respecto a la convivencia. Esto obliga a una reflexión más profunda sobre los efectos de un fenómeno que no se reduce a aspectos puramente administrativos, ni se agota en la decisión de cerrar o abrir las fronteras.

En España, aunque muchos estudios sugieren que la inmigración no ha generado efectos negativos en materias como delincuencia o empleo, un porcentaje significativo de la población percibe lo contrario. Es esencial ahondar en las causas de las opiniones contrarias a la inmigración, y no reducirlas de antemano a juicios morales respecto de quienes las emiten. Hay un discurso explotado por la derecha populista que afirma que los inmigrantes afectan a las oportunidades de trabajo o vienen a delinquir. Si nos interesa comprender por qué hay personas que se oponen al fenómeno, deberíamos esforzarnos por intentar entender que las opiniones que cuestionan los efectos de la inmigración pueden obedecer a algo más que meros prejuicios.

El aumento de la inmigración produce tensiones en áreas delicadas para la población más vulnerable, como educación, salud o vivienda. Esto provoca que las percepciones negativas sobre la migración provengan, en gran medida, de sectores que ven en los inmigrantes una amenaza para situaciones reales de precariedad.

La política migratoria no puede enfocarse solo en asuntos de seguridad y política fronteriza, prescindiendo de aquellas cuestiones relacionadas con la convivencia y la integración. Y la integración y la convivencia no pueden ser asumidas exclusivamente por el Estado. La complejidad del fenómeno migratorio obliga a que la sociedad civil también cumpla un papel relevante. No podemos pretender que el Estado instaure una convivencia armónica, ni tampoco que pueda, por sí solo, mejorar las relaciones con los inmigrantes.

El control del flujo migratorio es ineludible pero insuficiente; no podemos olvidar que es imposible controlar del todo la llegada de extranjeros. Existe una discusión legítima respecto de la proporción de inmigrantes que cada país está en condiciones de recibir. Sin embargo, por más que se intente controlar, la inmigración parece un hecho inevitable. El simplismo demagógico del populismo de derecha lanza propuestas que son armas de doble filo: funcionan como herramienta política a corto plazo, pero a la larga aumentan problemas que necesitan soluciones más elaboradas y pueden exacerbar peligrosamente los ánimos en contra de la inmigración.

Por otro lado, que las percepciones contrarias a la inmigración hayan aumentado puede deberse a que no nos estamos haciendo cargo de algunos problemas de fondo. Debemos huir también de cierta hipocresía de izquierda, según la cual todo es cuestión de exhibir buenos sentimientos.

Inmigración e integración: el pacto europeo

En España, como en toda Europa, hay una izquierda radical empeñada en sostener que nuestras sociedades, y también la española, están condicionadas por un «racismo estructural», del que ni siquiera somos conscientes. Nada más falso. España es un país que acoge y que integra, ya que más del 18 por ciento de los residentes en España no han nacido en suelo español. No es cierto, por tanto, que España sea un país refractario a la inmigración, más bien al contrario, tenemos una capacidad de integración muy superior a otros países.

Pero, para que la inmigración sea parte de la solución y no parte del problema, hay que fomentar la inmigración legal y sancionar la ilegal. El fenómeno migratorio parece necesario en una sociedad envejecida como la española que, a pesar de los altos niveles de paro, no cubre la oferta de puestos de trabajo. Una sociedad que se beneficia de la afinidad cultural y lingüística con el elemento iberoamericano, pero que también atraviesa crisis migratorias que generan tensión y alientan los discursos oportunistas del populismo.

Se debe apostar por una inmigración legal, ordenada y vinculada al empleo. Quien quiera la protección de la ley va a tener que cumplir con la ley y quien no cumpla con la ley, simplemente no puede formar parte de nuestra sociedad. Este es un principio que en Europa debemos hacer efectivo ahora que, por primera vez, contamos con un marco jurídico, el Pacto sobre Migración y Asilo.

El pacto debe permitir un control eficaz de nuestras fronteras, con procedimientos estrictos y breves, para saber quién entra y en qué condiciones entra, y que debe permitir que aquellos que se encuentren en situación irregular puedan ser devueltos a sus países de origen, cosa que en este momento apenas está ocurriendo.

Y además debe permitir que la Unión Europea actúe contra aquellos países que quieren utilizar la inmigración como un arma de presión y de desestabilización, ya sea Bielorrusia o Marruecos. Es de pura lógica que sea el Estado el que decida quién entra, no las mafias.

Los Estados tienen el deber y el derecho de controlar sus fronteras, de establecer las condiciones en las que la estancia de un extranjero es legal, así como la obligación de adoptar las medidas necesarias para impedir que la ilegalidad se instale en un segmento creciente de población, entre otras razones porque la ilegalidad nunca beneficia al inmigrante, sino a las mafias que trafican con seres humanos y a quienes los explotan en la clandestinidad.

Hay que afianzar la capacidad de los Estados para controlar sus fronteras de modo que entren y residan quienes tengan condiciones para hacerlo y voluntad de integrarse en una sociedad abierta, plural y democrática. La Comisión Europea ha anunciado un incremento sustancial de los efectivos de Frontex, la agencia europea de control de fronteras que tiene la responsabilidad de cooperar con los Estados para este objetivo.

Habrá también financiación comunitaria y compromisos explícitos de cooperación ante la instrumentalización de la inmigración por parte de terceros Estados para provocar crisis, como ocurrió con Marruecos en Ceuta y Melilla, con Bielorrusia en la frontera polaca y como está sucediendo ahora con Rusia y su intento de desestabilización de la frontera finlandesa, provocando la entrada en Finlandia de inmigrantes yemeníes.

Precisamente porque los europeos queremos mantener la libre circulación dentro de la Unión Europea, los ciudadanos deben saber que nuestras fronteras están protegidas. Esto también significa permitir que los Estados miembros que lo deseen puedan erigir barreras salvaguardadas con fondos europeos en caso de crisis.

En 2021, doce países pidieron ayuda a Bruselas para financiar la construcción de protecciones en sus fronteras en respuesta al chantaje indecente del dictador bielorruso Lukashenko. En ese momento, este último estaba utilizando a miles de personas desafortunadas como arma geoestratégica en una guerra híbrida para presionar a Occidente.

Con los refugiados de Ucrania, Europa ha demostrado que es capaz y está dispuesta a mostrar una solidaridad masiva en una situación de emergencia efectiva. Millones de personas han ofrecido generosamente su ayuda a los ucranianos. Si nuestros ciudadanos saben que la frontera exterior está vigilada, están dispuestos a apoyar a quienes lo necesiten.

Identidad europea: «Muchas abejas y un solo vuelo»

En España el europeísmo ha sido una posición social mayoritaria. Sigue siéndolo, cuando en sociedades vecinas se registran índices crecientes de contestación al proyecto de integración europea. El llamado «euroescepticismo» tiene distintas gradaciones: desde la crítica más o menos argumentada, hasta una hostilidad que tiene en la Unión su objeto fóbico favorito. Esta impugnación radical está en el núcleo del extremismo populista a izquierda y derecha. Si en España no acaba de prender, probablemente esto se deba a muchas razones. Algunas no muy estimulantes: cierta inercia masoquista del pesimismo nacional que ve «en España el problema y en Europa la solución»; y otras de mayor validez: son muy evidentes los beneficios que nos ha reportado la pertenencia al club europeo en términos de desarrollo político y crecimiento económico.

Con todo, creo importante prestar atención a inquietudes que pueden desembocar en actitudes políticas inviables o nefastas. Todas contemplan la relación entre Europa y sus naciones constitutivas como un juego de suma cero. La única diferencia entre dichas actitudes es que unos aplauden el proceso de integración como una suerte de eutanasia de la identidad nacional, acusada de promover guerras y conflictos; y otros deploran la construcción europea y pretenden revertirla para regresar a un esquema westfaliano de soberanías impermeables. Entre el cosmopolitismo postnacional y el soberanismo nostálgico se escucha poco la voz de una mayoría que sigue viendo en Europa un proyecto construido a partir de las naciones que la integran, contando con ellas. Merecerá la pena dedicar algunas reflexiones a la idea de identidad europea y a la tensión entre su unidad irrenunciable y su diversidad constitutiva.

La nación es un producto histórico de la cultura europea. Europa misma es un modo de formación y un resultado histórico. Si la integración de Europa supone la estructura común de un conjunto de naciones, la desintegración de Europa sería la primera consecuencia del resquebrajamiento de las estructuras nacionales. De la nación cabe decir que es un producto que se ha hecho consistente en la historia. Es un resultado, un cruzamiento que ha prosperado.

El cultivo de características nacionales, en la Europa medieval, fue compatible con la hegemonía que sobre las naciones logró durante algunos siglos la cristiandad. Sin la penetración del cristianismo en los demás elementos de la cultura europea, no habría existido Europa como síntesis histórica.

El segundo período de la nación nace con la crisis de la cristiandad, en virtud de la brecha que abre la Reforma. La nación comienza a adquirir significado político en la medida en que se multiplican los fenómenos de escisión territorial en torno a intereses dinásticos servidos por una política que seculariza conceptos religiosos.

El tercer período se produce en virtud del influjo de la filosofía ilustrada en la Revolución francesa. Entonces la nación se carga de significado político. Se hace soberana en el interior, frente al rey, antes de asumir la soberanía frente a otras naciones. El pueblo, organizado en nación, toma posesión de los atributos del poder mayestático, para asumir en exclusiva la soberanía. La nación no es ya una unidad de procedencia ni una congregación de poblaciones bajo una dinastía. Es una voluntad común, integrada por la suma de voluntades individuales, frente a todo poder histórico. La nación moderna es producto del liberalismo, acuñador del concepto de soberanía nacional.

Europa dejaba de ser una comunidad para tornarse un equilibrio de naciones soberanas. En este molde se troqueló la política europea, que en los umbrales de la modernidad se cifra en la Paz de Westfalia y en los albores del siglo XIX tiene su símbolo en el Congreso de Viena. Los resultados de las dos grandes guerras del siglo XX son síntomas de la desarticulación de Europa, pero también revelan el fracaso del propósito de mantener la unidad europea con los instrumentos de una política de equilibrio.

Los caracteres nacionales no se agotan en sí mismos. Conducen a una integración que ha de estar pautada por etapas que hagan posible y efectiva la cooperación. Así, la nación actúa como miembro vivo de organizaciones que no pueden prescindir de ella. Las naciones deben seguir cumpliendo la misión que las configura en Europa. Son elementos de integración y de equilibrio a través del desarrollo de su espíritu propio y de una aptitud específica, pero necesariamente acoplada con otras. Creo en la compatibilidad de un patriotismo nacional con un patriotismo europeo. Las naciones sostienen la idea de Europa, y esta se afirma mediante una cooperación que funde analogías, mantiene los contrastes fecundos y elimina las discrepancias radicales.

Como dejó escrito Enrique Moreno Báez en un libro delicioso y demasiado poco conocido, *Los cimientos de Europa*: «La condena del nacionalismo no debe hacernos condenar las naciones, que son los sillares con que habrá que edificar a Europa. El que su unidad sea el anverso de su diversidad y se apoye en esta supone que cuanto más sólidos sean los sillares más lo será el edificio».

Ortega acuñó una de sus más felices metáforas para definir la realidad europea así concebida. Escribió, en su «Prólogo para franceses» de *La rebelión de las masas*: «Europa es, en efecto, enjambre: muchas abejas y un solo vuelo». Para él, la integración de Europa suponía que esta fuese la ultranación: «La misma inspiración que formó las naciones de Occidente sigue actuando en el suelo con la lenta y silente proliferación de los corales». «No se trata —añadía— de laminar las naciones, sino de integrarlas».

Por su parte, el socialista francés Jean Jaurès, asesinado a los tres días de estallar la Gran Guerra, expresaba la conveniencia de que existieran y subsistieran las naciones, diciendo: «Deshacerlas sería destruir los focos de luz distinta y no dejar subsistir más que vagos resplandores dispersos de nebulosa. Sería suprimir también los focos de acción distinta y rápida para no dejar subsistir más que la incoherente lentitud del esfuerzo universal».

Las guerras entre naciones europeas han sido auténticas guerras civiles. Y las guerras civiles no terminan con la última batalla ganada, sino cuando tras ella se acierta a forjar una nueva convivencia en torno a un proyecto, que ni puede significar una vuelta al pasado ni desconocer los supuestos implicados en la guerra misma.

Entre federalismo y soberanismo, subsidiariedad

Los que niegan que la relación entre Europa y sus naciones sea de suma cero han invocado siempre la subsidiariedad como principio capaz de reconciliar unidad y diversidad en el funcionamiento de una Europa integrada. Queriendo representar una vía media entre federalismo y soberanismo.

Hoy la nostalgia lleva a algunos a querer conservar la soberanía nacional en forma absoluta. Abogan por perennizar la cooperación clásica entre Estados, sin que haya entre ellos organización política ni delegación de competencias.

La noción de soberanía como absoluto incondicionado fue teorizada por Bodin y practicada tras el Tratado de Westfalia. Los soberanistas defienden una tesis obsoleta, inaplicable a la realidad presente. Hoy, vale más compartir soberanía que dejárnosla imponer desde fuera.

Aparcada la soberanía absoluta, hay que elegir entre dos tipos ideales de Europa posible: la Europa centralizada o la Europa de la subsidiariedad. Una Europa centralizada nivelaría modos de vida y costumbres en la convicción de que la centralización y el dirigismo son preferibles porque conocen mejor que los cuerpos nacionales sus necesidades. Confundiría diversidad con desorden.

Una Europa totalmente nivelada sería una Europa totalmente inmóvil. Por eso es defendible una Europa de la subsidiariedad. Nuestra historia no facilita construir sobre el simple federalismo. Los estados norteamericanos no eran patrias históricas. Los cantones suizos no eran Estados soberanos. Debemos ser originales. Una unión de naciones no implica su disolución, pero sí la transferencia de parte de su soberanía a un poder político europeo. Es esa transferencia la que debe hacerse en virtud de la aplicación estricta del principio de subsidiariedad.

Dentro del cuadro de una Europa de la subsidiariedad, las naciones más ricas deben aportar sostén financiero a naciones menos prósperas. Pero tal socorro estaría limitado a restaurar la autonomía y no a crear una dependencia. No sería un movimiento automático y habitual. Ahí reside la diferencia entre el «providencialismo» y la subsidiariedad. Solidaridad no para igualar, sino para restaurar las condiciones de la autonomía.

La misión de una Europa política no debería ser uniformar, sino unir; antes que perseguir una unidad artificial, organizar la diversidad para transformarla en una unión operativa e influyente.

La Europa *vaciada*

Demasiadas veces la Unión Europea nos ha sido presentada no como una realización —la de una civilización llegada a la madurez de su unidad—, sino como una renuncia: había que renunciar al pasado histórico europeo. Cada avance en la construcción europea se publicitaba como un acto de contrición. Las guerras de religión, los enfrentamientos entre naciones, los crímenes de la ideología debían ser expiados. Había que hacer tabla rasa, partir de cero. Esa Europa reseteada la describe así el filósofo Edgar Morin en su obra *Pensar Europa*: «Nuestras memorias históricas europeas no tienen en común sino la división y la guerra. Ninguna herencia salvo nuestras enemistades mutuas. Nuestra comunidad de destino emerge apenas de nuestro pasado, que la contradice. Emerge tal vez de nuestro presente porque es nuestro futuro el que nos la impone». Visión negativa y excesiva: las divisiones europeas, por brutales que hayan sido, no han podido desvanecer las obras que los europeos supieron construir juntos.

Es cierto que la memoria europea contiene recuerdos particularmente difíciles de soportar. Nos abruma el peso de la violencia totalitaria. Auschwitz nos anonada. Sin duda, es preciso recordar el pasado y no perderlo de vista. Pero sería cometer una terrible injusticia hacia Europa negarle su cualidad de ser una civilización capaz de afirmarse por culpa de esa barbarie. Casi sería como dar la razón a los bárbaros, concederles que la Europa que pisotearon no era, en el fondo, más que una geografía sin contenido. Como la Europa vaciada que postula el sociólogo Ulrich Beck: «Solamente una imagen del hombre y de la cultura no antropológica, radicalmente abierta (...), merece ser calificada como europea». La apertura radical para expiar los crímenes de un nacionalismo asesino. Según esta visión, mencionar las fronteras europeas sería invocar de nuevo ídolos sangrientos; afirmar las raíces de Europa, atizar el racismo; heredar una civilización, ceder a la arrogante superioridad del civilizado. Así, en nombre de una culpabilización irredimible, Europa quedaría despojada de su europeidad, de sustancia histórica.

Algunos postulan una Europa que «quisiera confundirse con el cuerpo en crecimiento de la humanidad en general», viendo en la Unión Europea la «vanguardia de la humanidad en vías de unificación definitiva». Para otros, existen valores europeos, pero resumidos en uno solo: la «apertura al otro». La singularidad europea sería una apertura particularmente generosa a la universalidad humana. Esa posición supone, según el filósofo francés Pierre Manent, que «solo mencionamos a Europa para anularla. ¡Solo conocemos la humanidad! No tenemos existencia propia, no queremos de ninguna manera, que necesariamente sería particular, un ser propio». Lúcidamente, en su libro *La razón de las naciones*, Manent advierte la paradoja:

Si estamos hasta ese punto abiertos al otro, entonces estamos abiertos sin duda a lo que el otro dice de nosotros; lo tomamos en serio y lo evaluamos escrupulosamente. Hemos visto, por ejemplo, que ni los musulmanes ni Israel confunden a Europa con el humanismo mismo. Nos encuentran mucho más sustanciales de lo que nos sentimos nosotros mismos. A veces nos encuentran francamente pesados. Puesto que los otros lo dicen, es probable que pese a todo existamos y que seamos algo.

El alma de Europa

Empezamos a darnos cuenta, tras renuncias y desmayos, de que Europa sigue siendo un ser histórico. Posee un patrimonio de tradiciones y experiencias que, aun dilapidado en gran parte, todavía puede nutrir energías históricas. El aparato institucional, sin el motor de ese espíritu, carecería de consistencia.

La cultura europea se alimenta de valores y principios fruto de su historia: el Estado de derecho, el liberalismo político, la democracia, la separación entre religión y política, la igualdad entre hombres y mujeres, la justicia social, el respeto a la dignidad humana o, más recientemente, la aspiración a la paz y el respeto al medio ambiente. Antes de ser considerados bajo una luz universal y como la realización de un sentido posible de la historia, estos valores surgieron de manera contingente como reacción a circunstancias particulares: las guerras de religión, el absolutismo, la sociedad feudal. Esto no debe llevarnos a dejar de afirmar esos valores europeos. Por el contrario, necesitamos apoyarnos en ellos, como base de nuestra identidad cultural.

En Europa sigue existiendo una comunidad de valores que hay que conservar y preservar. La Unión Europea, al fin y al cabo, es una comunidad de derecho. Europa debe seguir estando en la primera línea de la respuesta a los grandes desafíos de este siglo: la mundialización, la revolución digital, los retos medioambientales y demográficos, las amenazas de los nuevos regímenes autoritarios.

Si el siglo XX fue el de la lucha entre la democracia y los totalitarismos, el siglo XXI será sobre todo una competición entre democracias y autocracias, con China a la cabeza. La competición ha empezado, y es inédita. Ya no vivimos en el mundo de posguerra. Pero lo que debe permanecer como garantía de futuro es nuestra fe en la libertad. Una fe que solo puede nutrirse de la virtud de los ciudadanos, la de cada uno de nosotros.

La democracia europea sobrevivirá mientras los ciudadanos que quieran heredarla recuerden, de su remota cuna ateniense, la invocación de Pericles:

Nuestra Constitución nada tiene que envidiar de pueblos vecinos; y más que imitarlos les sirve de modelo. Nuestra ciudad está abierta a todos; no hay ley que repudie al extranjero, o lo prive de compartir nuestras instituciones y nuestras alegrías, de que hasta los mismos adversarios pueden, si desean, aprovecharse. Amamos la belleza sin costo, la filosofía sin molicie. Sabemos juzgar de las cosas y también concebirlas. No creemos que el discurso dañe a la acción. Pensamos, al contrario, que lo peor es ignorar las palabras antes de ejecutar los actos. Mezclamos, en las empresas, la audacia y el juicio; al revés de aquellos cuya audacia es hija de la mera ignorancia, y cuyo juicio solo sirve para maniatarlos. Nuestra república es la escuela de Grecia. Nuestros héroes tienen por tumba el universo.

5

HISPANOAMÉRICA EN LA ENCRUCIJADA

La relación con el mundo hispanoamericano me ha ocupado y preocupado siempre. Como español no concibo nuestra identidad prescindiendo de la obra de España en América. Como político, durante mis años al frente del Gobierno, puse todo mi empeño en estrechar lazos con las naciones hermanas de la otra orilla.

Nunca tuve ninguna duda en consolidar, perfeccionar y ampliar iniciativas encaminadas en ese sentido. Aunque hubieran sido patrocinadas por Gobiernos de otro color político. En 1996 usé una expresión canovista para subrayar que nosotros veníamos a «continuar la historia de España». Puedo ahora referirme a lo escrito por Jesús Pabón en el prólogo de su *Cambó*. Allí se acusa al «morador de la España contemporánea» de no ser «humilde» ni «sobrio» cuando habla de su situación política, de la suya, aquella a la que se siente vinculado o con la que simpatiza. Para reivindicarla, no duda en difamar el pasado inmediato, manejando una dialéctica tan simple como maniquea: todos los bienes están en la situación actual, porque todos los males se dieron en la precedente. Y así, según Pabón, «la autodifamación nacional, española y contemporánea, es el resultado de una serie de difamaciones sucesivas del pasado inmediato». El mal resultante es inmenso: se pone en peligro la continuidad y solidaridad esenciales para la nación y el Estado.

Por eso nunca he tenido inconveniente en reconocer que el establecimiento de las cumbres iberoamericanas en 1991 fue una excelente iniciativa del Gobierno de Felipe González. Es a partir de entonces cuando la España de la Transición comenzó a tener una presencia decisiva en el continente hermano; por primera vez en mucho tiempo, España comenzaba a pesar en la opinión hispanoamericana. Quise prolongar esa línea de actuación dándole no solo continuidad, sino una dimensión diplomática, política y comercial creciente. Y creo que quien repase la historia de las cumbres iberoamericanas entre los años 1996 y 2004 podrá comprobar que no hablo en balde.

Luego… no se siguió el mismo criterio, y la endémica «autodifamación nacional» ha regresado para seguir haciendo de las suyas. Y así, en 2024 tuvo lugar, con la ausencia del presidente Sánchez, la cumbre iberoamericana más depreciada de la historia. Por mucho que España esté siempre bien representada en la persona del rey, la ausencia del presidente del Gobierno implica en estas ocasiones la desaparición de la figura institucional que da peso político y asume una función movilizadora insustituible. En Cuenca (Ecuador) se reunieron apenas la cuarta parte de los presidentes convocados. Diez menos que en la última ocasión, la mitad de su menor registro histórico. Eso habla de un clima tan aborrascado entre naciones hermanas como poco propicio para corregir la deriva populista en la región.

En España debemos volver a recordar que los gestos nunca sustituyen con ventaja las políticas de alcance, ni el turismo diplomático sirve para reforzar nuestro peso internacional. La contribución de nuestro Gobierno a la devaluación de la cumbre iberoamericana de 2024 es otro recordatorio de lo lejos que queda la época en que acudíamos a esas citas como ejemplo de éxito económico y político, como referencia democrática para toda la comunidad de naciones hispánicas. Cierto que, para dar ejemplo, primero hay que ser ejemplar.

Nuevo descubrimiento de América

Pedro Salinas dejó escrito en una de sus cartas desde el exilio: «El español que no ha estado en América no se da cuenta de toda la dimensión y tamaño de lo que ha sido España». Creo que los españoles debemos recuperar una conciencia ecuánime de nuestra obra americana. Cabría apelar a un nuevo descubrimiento de América: redescubrir lo mucho a que nos compromete esa herencia histórica y afectiva.

La hispanidad se nos revela como un sentimiento de solidaridad y parentesco, tanto como un deseo o voluntad de cooperación. Nos sentimos miembros de una gran comunidad de naciones constituidas en Estados, pero que no han olvidado su común origen y naturaleza, y cuyos miembros se reconocen en el idioma. El idioma no es solo el instrumento de comunicación que hace que el hispanoamericano no se sienta extranjero en España ni el español en la América hispánica, sino natural en aquella otra tierra de la misma habla nativa. La lengua es más que eso: es el archivo espiritual, la forma natural e inmediata del pensamiento y hasta, en cierta medida, de la sensibilidad.

Este asunto no es meramente filológico y literario. Tiene un inmenso interés práctico. El idioma es nuestro más firme vínculo, y es lo que da a los pueblos hispanos cierta universalidad actual. Nos recuerda que existe un mundo hispánico vinculado por una historia, una lengua y una cultura comunes, con proyección universal.

Repudio y cancelación de la obra de España

Vivimos en un tiempo histórico en que la agitación polémica del indigenismo antiespañol y el masoquismo antinacional doméstico se alían para deprimir nuestro sentimiento de pertenencia y deformar nuestra identidad colectiva, como si la historia de España fuera un subproducto de la fanfarria y el crimen.

Una fiebre autodestructiva recorre Occidente. Se derriban estatuas, se denuncia todo patrimonio histórico, se revisa el pasado a la luz tendenciosa de prejuicios extremistas. Se trata de hacer *tabula rasa* con todo; esta vez ya no basta transformar la sociedad y el sistema económico, ahora el radicalismo ideológico pretende lo que la teología vedaba al mismo Dios: rectificar el pasado.

Mucho antes de popularizarse la «cancelación», la expresión «cultura del repudio» ya aparecía en la obra de Roger Scruton, el filósofo británico fallecido en 2020. Scruton pensaba que era la característica más llamativa del corpus intelectual de la nueva izquierda. Un postulado esencialmente coercitivo, volcado en repudiar la herencia moral, cívica, civilizatoria, intelectual y espiritual de Occidente. Una tendencia hacia el autodesprecio.

¿Es posible sostener un orden político libre, decente y vital, basándolo en el autodesprecio, en la negación sistemática de nuestra herencia? Hacer la pregunta es casi responderla. Pero debemos hacérnosla, ya que la cultura del repudio no solo se institucionaliza en todos los niveles de la sociedad, sino que se convierte en una fuerza cada vez más tiránica en el periodismo, en la academia y, singularmente, en la política. La «descolonización» de museos y ciertos incidentes diplomáticos dan cuenta de ello.

En una línea similar a la de Scruton, Pascal Bruckner escribió *La tiranía de la penitencia*. Según él, desde 1945 Europa sufre «los tormentos del arrepentimiento». Bruckner se pregunta si debemos regodearnos en la memoria de los desmanes del imperialismo, la colonización, el esclavismo, las guerras: «¿A qué nos conduce esa tiranía de la penitencia? ¿Hubo solo errores o también aciertos en ese pasado aparentemente infame? ¿Somos los únicos que hemos cometido los pecados por los que seguimos culpabilizándonos?». En su respuesta a esas preguntas, Bruckner rechaza el papel de chivo expiatorio endilgado a Occidente, denuncia las jeremiadas sobre su historia, e invita a un orgullo bien entendido. Al fin y al cabo, pura cuestión de equilibrio mental: imposible vivir odiándose a uno mismo.

El injerto español y sus frutos

La conquista y colonización española en América, juzgadas tendenciosamente, han constituido, junto con la Inquisición, el fundamento de las acusaciones que se han dirigido contra España. Su difusión formó nuestra tan traída y llevada leyenda negra.

Hace bastantes años, Julián Marías halló una imagen botánica muy feliz para distinguir las dos formas de presencia europea en América. Al norte, por obra principal de los ingleses, y secundariamente de holandeses y franceses, se realizó un «trasplante»: sociedades europeas fueron trasladadas a suelo americano, para fundar sociedades también europeas, que se desarrollaron en el Nuevo Mundo. En el centro y el sur del continente, españoles y en menor proporción portugueses llevaron a cabo un «injerto»: porciones vivas de sociedades europeas se introdujeron en las diversas americanas, modificándolas; no fueron españolas, sino americanas hispanizadas, con gérmenes nuevos, de manera que dieron frutos distintos de los que sin ese injerto habrían tenido.

Uno de los aspectos en que más incide el revisionismo cancelador es en el supuesto genocidio de los indígenas americanos. Lo cierto es que la colonización española estuvo caracterizada por la preservación del elemento indígena y su civilización. La política de España con los indios tuvo dos notas características: la conversión al cristianismo y la mezcla de razas, principalmente por matrimonios legítimos, autorizados por una cédula de Fernando el Católico (1514). El problema de la protección de la raza indígena preocupó sinceramente en la metrópoli. Si no pudo evitarse la desaparición de la población india en las Antillas, se logró conservarla y aun aumentarla en el continente. Humboldt ya advertía a los que injustamente suponían que la raza indígena de América desaparecería en las colonias españolas, que en Nueva España la población india, contando la que no tenía mezcla de sangre europea o africana, venía aumentando de tal modo durante el siglo XVIII, que era, positivamente, más numerosa que en la época de la llegada de los españoles.

España dio a América su lengua y, con ella, su cultura. La obra civilizadora de España en América comenzó a la vez que la conquista. La política española en este orden produjo, en toda América, una élite intelectual formada en las escuelas, universidades y seminarios, donde indios, mestizos, criollos y españoles eran admitidos sin distinción. Esa élite fue la que dio luego ideas y hombres al movimiento de emancipación.

Universalidad de lo hispánico

España alumbró no solo un Nuevo Mundo geográfico, sino también un Nuevo Mundo ideológico. Sintonizó, en palabras de Maeztu, dos unidades: «La unidad física del globo y la unidad moral del género humano». El mundo asistió a la fundación de una comunidad de pueblos que configura un tipo histórico irreductible a todas las demás y que, desde sus orígenes, presenta los caracteres de una colonización de nuevo estilo.

En realidad, este término —«colonia»—, cargado de las connotaciones de desigualdad y de dominación, debería ser borrado para referirse a Hispanoamérica y a Filipinas, como de hecho ya se acordó en el II Congreso Hispanoamericano de Historia celebrado en 1957 en Ciudad Trujillo, República Dominicana, a petición de los representantes de Colombia, adoptándose por unanimidad la iniciativa.

Ninguna potencia colonizadora se interrogó más encarnizadamente que España acerca de los títulos de legitimidad de sus conquistas. ¿Qué precedentes o consecuentes tienen episodios como la Controversia de Valladolid? Nunca se insistirá demasiado en la significación que asume, en la historia comparada de las invasiones y las conquistas, la empresa de los españoles. Las motivaciones, el análisis introspectivo, la exigencia de justificación, el despliegue de la conciencia de los reyes y del pueblo hacia horizontes en los que culmina la responsabilidad moral, son asimilables a las depuraciones logradas en juicio penitencial. España no tiene que pedir perdón; ha pasado cinco siglos haciendo examen de conciencia.

La Controversia se inicia con el célebre sermón del dominico fray Antonio de Montesinos. Deriva de una pregunta esencial. Hablando de los indios, la formula así, simplemente: «¿Estos, no son hombres?». Y en el derecho humano van a fundarse en lo sucesivo los títulos y los modos de la penetración en los nuevos territorios, títulos y modos que son inseparables de un examen de legitimidad vinculada tanto al origen como al ejercicio del poder.

Así nace la defensa de los indios, en la que palpita el sentido universalista del derecho natural, vindicadora de los derechos humanos, y que está también presente en el fin de la potestad tanto eclesiástica como civil. El derecho natural, la titulación legítima, los derechos de cada hombre con independencia de su adscripción territorial y de su pertenencia a raza, credo, incluso a forma de convivencia (no siendo preteridos en este último aspecto los derechos de situación, incluido el estado salvaje) componen en las controversias de Indias una totalidad coherente de miembros enlazados.

España no tiene que pedir perdón a nadie por haber sentado las bases del derecho internacional, civilizado un continente y promovido el postulado de la hermandad moral del género humano. Mucho más apropiado sería darle las gracias.

La planta populista

Y ahora vengamos a lo de hoy. Los Estados de América Latina no son ajenos a la crisis global que afecta a la democracia en todo el mundo. El mismo peligro amenaza en todas partes: que la democracia deje de hablar el lenguaje de la libertad.

Desde la crisis financiera de 2008, grandes capas de la población se ven marginadas por rápidas transformaciones económicas y reaccionan buscando fundamentos distintos a la libertad como cimiento social. Y así, en los últimos años hemos asistido al éxito de fórmulas políticas caracterizadas por un populismo identitario y antiliberal. Son movimientos que adoptan un moralismo fanático. Cada vez más parecidos a verdaderas religiones seculares, con sus ritos, su santoral, sus ayunos y, por supuesto, su ortodoxia y su inquisición.

Todo esto ha contribuido a la generalización de una sospecha sobre los fundamentos de las democracias constitucionales y las instituciones características de la libertad: el Estado de derecho y el Gobierno limitado. Hispanoamérica, por desgracia, conoce bien el fenómeno. Allí algunos lo denominan «marea rosa», en alusión al populismo más o menos desteñido que practican en la región diversos Gobiernos de izquierda. Cada uno con su peculiaridad, dentro de una escala que va desde el endurecimiento autoritario de las dictaduras, hasta ejercicios más o menos intensos de intervencionismo proteccionista, siempre nocivo para el progreso y el desarrollo. Todos comparten la misma animadversión a la libertad en todas sus expresiones y, en primer lugar, a la libertad económica y la libre empresa.

Hace algunos años escuché de un político colombiano la siguiente taxonomía; primero está el «progresismo chic»: alta fiscalidad, gasto disparado y sector público hipertrofiado; luego viene el «progresismo piraña»: este asfixia con controles y desbarata la formación de precios; y, por fin, el «progresismo bolivariano», directamente expoliador, confiscador y golpista, que acaba propiciando rupturas constitucionales para eternizarse en el poder.

No son modelos excluyentes: en ocasiones, lo que acabo de dibujar como una yuxtaposición se convierte en una evolución.

Los enemigos de la libertad siempre parten de las debilidades institucionales de los países que ambicionan controlar. Buscan su desgaste, explotan sus carencias para ofrecer como alternativa un puñado de viejas ideas fracasadas: indigenismo, colectivismo, democracia asamblearia. Todas ellas, larvas proliferantes del cadáver del «socialismo real». Atacan siempre organismos debilitados, y por eso sus aliados objetivos son la pobre implantación institucional, la debilidad del sistema de partidos, la exclusión social, el desempleo, la violencia y la corrupción.

El populismo latinoamericano es fiel a un patrón: primero se cuestiona la democracia representativa, calumniándola como mera fachada de intereses oligárquicos. Se busca que su desprestigio favorezca la erosión del entramado institucional: separación de poderes, igualdad ante la ley y pluralismo político. Ese entramado se presenta como una mediación enojosa que hay que eliminar para que no quede nada entre el pueblo y el líder que lo acaudilla.

Cuando se avanza por ese camino, la siguiente etapa consiste en fomentar movilizaciones en torno a causas muy polarizadoras. Se echa mano del arsenal de la nueva izquierda: reconocimiento de la plurinacionalidad del Estado, derechos animales, ecologismo y feminismo radicales… La nueva ola populista es singularmente ideológica. Los analistas hablan no solo de la polarización como mecanismo de enfrentamiento entre extremos, sino de una atomización de las demandas. Así, poco a poco, se va deconstruyendo la democracia liberal. En el extremo del proceso espera la cubanización del Estado y de la sociedad.

Venezuela, herida abierta

Ese proceso amenaza todo el continente y conoce distintos grados de desarrollo. Venezuela representa, desde hace mucho, su triste consumación. Allí, la soberanía, expresada en el voto, le ha sido arrebatada al pueblo venezolano por la dictadura delincuente que usurpa su Gobierno. En julio de 2024 se consumó un nuevo episodio en esta pendiente de degradación democrática, violencia y éxodo inducido. El 28 de julio el mundo entero pudo comprobar que la palabra de Nicolás Maduro vale todavía menos que el bolívar, devorado por la hiperinflación. Y que el régimen no solo ha hundido en la miseria a su pueblo, sino que sigue empeñado en mantenerlo bajo arresto domiciliario, haciendo de Venezuela entera un gigantesco presidio. Lo sucedido estuvo muy claro desde el principio. Cualquier ceguera voluntaria sobre el autogolpe perpetrado por Maduro es cómplice de su atentado de lesa democracia.

Desde entonces, la persecución y la violencia se han multiplicado. Así como una migración desbocada que amenaza la estabilidad y la seguridad de toda la región. La comunidad internacional tiene todavía pendiente una reacción a la altura del crimen que se está perpetrando. Los muertos en las protestas se cuentan por docenas; las detenciones arbitrarias superan las peores estimaciones y quien amenazó con «un baño de sangre» si perdía las elecciones ha demostrado que solo son de fiar sus amenazas.

El éxodo de casi 8 millones de venezolanos está provocando una crisis migratoria que impacta en todo el continente americano, desde Estados Unidos a Chile. El encastillamiento violento de Maduro en el poder puede generar un proceso de desestabilización regional de consecuencias impredecibles.

Potencias depredadoras

Maduro no tiene apoyos relevantes en la región; por desgracia, tampoco enfrenta una contestación internacional relevante, efectiva. En ese escenario, es de temer que el papel dirimente pudieran desempeñarlo China y Rusia, los apoyos externos del régimen, los primeros en reconocer el fraude electoral de Maduro. Irán, Corea del Norte y Turquía se suman a esa injerencia infame. Les vincula el tráfico comercial de petróleo, oro, y armamento.

Debe recordarse que la dependencia comercial de Venezuela para con China tiene ya magnitudes alarmantes. Datos del Observatorio de Complejidad Económica indican que China es el principal destino de las exportaciones venezolanas (alrededor de un 16 por ciento) y el origen de sus importaciones (aproximadamente un 31 por ciento). Sobre todo, existe una deuda multimillonaria contraída por el régimen para con China. Algunos institutos la cifran en 59.200 millones de dólares. No hay duda de que China es el principal destino exportador del petróleo venezolano.

El vínculo ruso parece sustentarse más en la venta de armas, tecnología militar y pertrechos para la seguridad interna, es decir, armas para la represión. En lo geopolítico, Venezuela representa para China y Rusia un enclave estratégico —al sur de los Estados Unidos— hacia América Central y el Caribe y el mercado de drogas, el tráfico de refugiados y la minería ilegal.

A escala global, el nacionalismo revolucionario, particularmente el venezolano, junto con el islamismo, el régimen iliberal de Rusia, y el totalitarismo modernizado de la China comunista forman parte, como hemos visto, de una ofensiva contra la democracia liberal. Por eso, lo que está sucediendo en Venezuela no puede dejarnos indiferentes, pretextando una supuesta condición de «asunto interno».

La naturaleza del régimen venezolano —una clonación del castrismo adaptada al ecosistema de un país petrolero—, explica el reconocimiento del pucherazo de Maduro por parte de Cuba, Rusia, China o Irán. Esa naturaleza no hace sino enconarse con el paso del tiempo. La promulgación de una «ley contra el fascismo», en un país donde esa corriente nunca existió, es un pretexto para, de una parte, contar con una nueva herramienta represiva y, de otra, adherirse al discurso de Putin, principal aliado internacional, acerca de la «lucha contra el fascismo y el nazismo», invocada también cínicamente para justificar la invasión de Ucrania.

De hecho, en Venezuela la opresión se ejerce por medio de leyes liberticidas como la «ley contra el odio» o «la ley contra la traición a la patria», tanto como mediante el recurso a la compulsión física: torturas, violencias contra familiares de presos políticos o terror parapolicial; baste recordar a los 150 muertos contabilizados en las protestas de 2017.

Así se ha ido instaurando un totalitarismo característico de los regímenes inspirados en el movimiento castrista. Venezuela dejó de ser una democracia para transformarse en una suerte de régimen «postcomunista», a semejanza de la Rusia de Putin. Empleo e instrumentalización de elementos superficialmente democráticos, presencia de una oligarquía dependiente del régimen, proliferación de estructuras mafiosas dedicadas a toda suerte de operaciones ilegales. Procedimientos, estructuras e incluso cronología, en fin, emparentan chavismo y putinismo: puede recordarse que el primero llegó al poder en 1999; el segundo comenzó con la llegada de Putin como presidente interino tras la renuncia de Yeltsin en el mismo año.

Este tipo de regímenes ni toleran la alternancia ni consienten alternativas a su perpetuación. Maduro no se resigna a abandonar el poder y ha fabricado una mascarada grosera para eludir el mandato de las urnas. Rusia, China, Cuba o Irán tampoco estarán dispuestos a aceptar la pérdida de un espacio de influencia y el recurso logístico que representa un país con los recursos naturales y la posición geoestratégica de Venezuela.

Suele pasar que quienes más invocan la soberanía, menos la respetan; desgañitarse en invectivas contra el imperialismo no demuestra ningún compromiso serio con el interés nacional. Este es el caso del régimen venezolano. Desde su ocupación del poder, la Cuba castrista tomó las riendas del chavismo sin pudor alguno ni mayor disimulo. Contando con ese asesoramiento, Chávez alineó políticamente a Venezuela con Rusia, China, Irán, Hezbolá y demás familia. En palabras de la historiadora y antropóloga franco-venezolana Elisabeth Burgos: «La dimensión geopolítica del conflicto venezolano comenzó desde el momento en que Chávez integró a Venezuela en el bloque geopolítico al que pertenece Cuba: ya no es parte del mundo occidental».

En 2024 quedó demostrado —si es que hacía falta— qué valor da el chavismo a los compromisos empeñados sobre garantías de limpieza electoral. La presión internacional sobre el régimen debería ser de una intensidad proporcional al escamoteo orquestado y a la sangrienta represión ulterior.

Se deben aprender las lecciones de la complacencia con Cuba. Muchos creyeron ser realistas estrechando relaciones con la isla para conseguir licencias o concesiones, o para hacer negocios con el turismo; pero la complacencia suele dar paso a la permisividad en perjuicio de todos: las tiranías nunca son buen negocio para nadie.

Un nuevo imperialismo

O para casi nadie. Anne Applebaum nos ha recordado, en un brillante ensayo, que las autocracias sí hacen negocios entre ellas. En *Autocracia S. A.*, Applebaum advierte del uso de «sofisticadas redes que cuentan con estructuras financieras cleptocráticas, un entramado de servicios de seguridad —militares, paramilitares, policiales— y expertos tecnológicos que proporcionan vigilancia, propaganda y desinformación. Los miembros de esas redes no solo están conectados entre sí dentro de una determinada autocracia, sino también con las redes de otras autocracias y, a veces, incluso de las democracias». No importan las diferencias históricas, ni los objetivos diferenciados. El comunismo chino y el nacionalismo ruso, así como el socialismo bolivariano, la ideología *juche* de Corea del Norte o el radicalismo chií de la República Islámica de Irán coinciden en algo básico: su rechazo a las democracias liberales y a sus valores.

En este contexto, el terreno que abona la planta populista es el mismo que necesitan las autocracias. Empobrecimiento, deterioro democrático e impugnación de la institucionalidad son su caldo de cultivo. Y, por desgracia, esos ingredientes se han estado cocinando en Iberoamérica durante demasiado tiempo.

En la década 2014-2024, las cifras reflejan una situación preocupante: hay 14 millones más de latinoamericanos en situación de extrema pobreza y más de 4 millones y medio han entrado en una pobreza no tan severa pero importante, mientras cerca del 50 por ciento de la población trabaja en condiciones de informalidad. Las bases institucionales que sostienen el sistema de partidos políticos en muchos países de la región están colapsando. Además, el auge de los líderes mesiánicos o caudillistas es tan evidente como peligroso.

Es en este clima donde cabe advertir una influencia creciente de actores estatales extranjeros, y singularmente de China y de Rusia. Por desgracia, el peso de la Unión Europea ha ido disminuyendo en términos de inversión directa e intercambios comerciales. Mientras, el peso de China en la región ha crecido exponencialmente, sobre todo en el ámbito de los recursos minerales y de la energía. De hecho, China ya es el primer socio comercial de países como Brasil, Uruguay, Chile o Perú, y su importancia seguirá aumentando en el futuro.

La presencia china se ha incrementado en los últimos veinticinco años con un interés muy claro: garantizarse el suministro futuro de materias primas, lo que constituye para ella una necesidad estratégica. Su necesidad de recursos viene dada por dos factores primordiales. Uno es el proceso de urbanización galopante, que está provocando un éxodo masivo hacia verdaderas megalópolis. Y el otro elemento es la vocación china de convertirse en la «fábrica del mundo», esto es, su pretensión de erigirse en centro productivo global.

En buena medida, las élites iberoamericanas han asumido una visión de China como fuente de oportunidades, incurriendo en cierta ingenuidad. Juzgo un tanto miope esa visión porque desatiende los efectos secundarios de una dependencia comercial excesiva con China, y pasa por alto los costes —muy elevados— que lleva aparejada: por ejemplo, en términos socioambientales y también por el impacto en la actividad primaria y exportadora de los países captados por su influencia.

Por otra parte, la presencia de Rusia en la región cuenta con antecedentes históricos forjados durante la Guerra Fría. A ese periodo se remontan sus vínculos con Cuba, Nicaragua y Venezuela. Países a los que Rusia vende armamento mientras, en el resto del continente, mantiene su condición de potencia virtual: realizando campañas de desinformación e impulsando narrativas para desacreditar a las instituciones democráticas y a Occidente.

En un capítulo anterior ya aludí a cómo China busca cambiar el orden internacional basado en reglas por otro fundamentado en realidades de poder. Lo ha venido haciendo en lo que llevamos de siglo, organizando una expansión enfocada en dos áreas: el África subsahariana e Iberoamérica. En África, su interés principal radica en la obtención de suministros e influencia política mediante la financiación de obras públicas y apoyos financieros con algunas condiciones y casi ningún requisito. Además, China desarrolla un significativo *poder blando* mediante su presencia mediática y cultural: ha establecido en el África subsahariana más de sesenta Institutos Confucio desde 2005.

En Iberoamérica, China sigue un patrón similar, centrado en la obtención de suministros y en la influencia política. Como ya mencioné, se ha convertido en el principal socio comercial de muchos países de la región y ha establecido alrededor de cuarenta Institutos Confucio.

Bajo la mirada de Oriente

América Latina, incluyendo el Caribe, tiene casi 600 millones de habitantes. Cuenta, en términos aproximados, con el

10 por ciento de las reservas de petróleo del mundo, el 6 por ciento de las reservas de gas, el 50 por ciento de las de cobre. Dispone, además, del 50 por ciento de las reservas mundiales de plata, del 13 por ciento de las reservas de mineral de hierro, disfruta del 26 por ciento de toda la tierra fértil, del 24 por ciento de la oferta mundial de carne vacuna, del 20 por ciento de la biodiversidad del planeta, del 57 por ciento de los bosques primarios, gracias a la selva amazónica, y del 50 por ciento del agua dulce del planeta. La región posee no solo el atractivo de sus ingentes recursos naturales, sino también el de una población potencialmente consumidora, de enorme dimensión.

El interés chino por Iberoamérica quedó muy claro durante la pandemia. Entonces fue cuando quedó acuñada la expresión «diplomacia del COVID» para designar una de las prácticas que han afianzado la presencia del gigante asiático en la zona. China procedió allí con gran generosidad en el suministro de vacunas, mascarillas y material sanitario, y puede recordarse su ayuda a México en un momento en que el COVAX —el Fondo de Acceso Global para Vacunas COVID-19— no funcionaba con suficiente agilidad. Así, la diplomacia china de vacunas y mascarillas fue muy eficaz, muy bien recibida y, de alguna forma, se percibió como una compensación frente a las carencias del COVAX. Siendo difícil su cuantificación precisa, algunas estimaciones han calculado el comercio internacional de China con América Latina en más de 400.000 millones de dólares a principios de la presente década.

En Brasil, China es el principal proveedor de tecnología 5G. Es un socio comercial prioritario para Chile y Perú. Al margen de afinidades ideológicas, porque la intensificación de los lazos comerciales se produjo con independencia de ese factor. El caso brasileño es paradigmático: primer productor mundial de carne de vacuno y de soja, sus relaciones comerciales con China mantuvieron la misma intensidad durante todo el mandato de Bolsonaro.

Pero la influencia china no es solo comercial; también es financiera. Ha venido a convertirse en una especie de banco de rescate, de «prestamista de última instancia» para Venezuela, Ecuador y, en su día, Argentina. Y aquí se toca un punto delicado para la salud financiera de cualquier Estado. En mi opinión, debería existir un marco básico de buenas prácticas según el cual cualquier país que financiase a un tercero lo hiciera respetando unas reglas aceptadas por todos. Porque mientras el Banco Mundial y el Banco Interamericano de Desarrollo financian dentro de la ortodoxia, hay buenos motivos para pensar que China no se atiene a ninguna sana praxis en este campo.

Dependencia militar y vasallaje financiero

Que el tráfico comercial incluye la venta de armamento no es un secreto para nadie. Pero hay que diferenciar entre el comercio de armas y la conclusión de alianzas de tipo defensivo, militar, que pueden suponer un riesgo o una amenaza para terceros.

Parece claro que Rusia mantiene con Venezuela acuerdos de este tipo, de naturaleza y contenido militar. Además, el propio régimen chavista se ufana de tener vínculos de esta misma naturaleza con China, a los que Maduro alude en sus discursos. De ser cierto, esto supondría un grave factor de inestabilidad regional. Se ha llegado a tener conocimiento de funcionarios rusos que justifican abiertamente, en medios de comunicación, la presencia militar rusa en Venezuela como factor de disuasión frente al apoyo occidental a Ucrania.

Y a la dependencia militar se suma la financiera. Muchos analistas hablan de la «trampa de la deuda» para referirse a la financiación china de infraestructuras en América Latina. Porque China es un acreedor dispuesto a cobrar como sea y en la especie que sea, aprovechando el vacío generado por la falta de presencia norteamericana en la región. De hecho, está ya sustituyendo a España como segundo mayor inversor en la zona.

La influencia china pretende organizarse capilarmente. Mediante canales culturales como el Instituto Confucio, por ejemplo, que no repara en difundir propaganda del Partido Comunista Chino. También mediante programas de becas, enfocados hacia la formación de profesionales cualificados con posibilidades de ostentar cargos institucionales de relevancia en sus países. Combinando estos métodos, China despliega una suerte de neocolonialismo extractivo, mucho más pendiente de expandir la influencia propia que de atender necesidades ajenas. Es notable que no esté encontrando demasiada contestación, ni siquiera en los ambientes más acostumbrados a denostar el pasado hispánico y un hace tiempo inexistente neoimperialismo occidental.

Así que conviene tener muy presente que, para su acción exterior, China utiliza lo que se conoce como «poder incisivo» (*sharp power*): despliega un abanico de recursos para influir en la cultura, la educación y los medios, prestando un interés prioritario a los prescriptores de opinión en cada país. En Estados con sistemas institucionales debilitados, esa forma de penetración encuentra facilidades añadidas. Es ahí sobre todo donde China se exhibe como alternativa y ejemplo: como una fórmula de gobierno expeditiva hasta lo autoritario, al margen de valores liberales. Además, en el plano estrictamente comercial, plantea siempre marcos desequilibrados donde prevalecer a costa del teórico socio.

El contexto global, de enfrentamiento comercial entre China y Estados Unidos, obligará a elegir a los Estados iberoamericanos. Esa rivalidad estratégica determinará, en buena medida, el futuro del continente. Se tendrá que decidir con quién se quiere estar y en qué condiciones. Son soberanos para hacerlo; y esa soberanía no se merma por atender consejos ofrecidos de buena fe. El que yo puedo dar a mis amigos de América tiene mucho que ver con la necesidad de ser fieles a las raíces de todos y lúcidos discerniendo el interés de cada uno. Ambos criterios, el de lo que se es y el de lo que conviene, coinciden en trazar el mismo rumbo: proa a Occidente.

Crisis de seguridad: diagnóstico y terapia

Es urgente abordar el desafío de la inseguridad que se ceba en tantos países de Hispanoamérica. Desde una visión que priorice el fortalecimiento de las instituciones y el combate sin cuartel del narcotráfico y el crimen organizado.

Porque, en realidad, defender la democracia en esos países pasa, inexcusablemente, por derrotar a las mafias criminales que intentan hacer del Estado su botín.

Cuando las necesidades materiales crecen y la institucionalidad se debilita, o se robustece el comercio, se impulsa la economía y se diseñan políticas sociales justas y realistas, o al Estado le surgen competidores dentro de su mismo territorio. También aquí el Estado de derecho cuenta como factor de prosperidad; en ese sentido, la reforma del poder judicial en México camina en dirección contraria a la creación de un entorno de confianza y seguridad jurídica en el país. Sin independencia del poder judicial, ¿se tienen garantías en la lucha contra el narco y el crimen organizado?

Muchos países centro y suramericanos saben bien, por sufrirlo en sus propias carnes, el peligro que representa la expansión del crimen organizado y de las bandas que lo articulan y afianzan territorialmente a nivel regional y continental. El *Cuarto Estudio Mundial sobre el Homicidio* de la Oficina de la ONU contra la Droga y el Delito arrojó que en 2023 el crimen organizado fue responsable de cerca de la mitad de los homicidios en América Latina. Y ocho de los diez países con tasas de asesinatos más altas a nivel mundial son de esta región.

Poco antes de redactarse estos renglones, se descubrió un antiguo campo de exterminio y entrenamiento del cartel de Jalisco Nueva Generación, con indicios de prácticas sistemáticas de asesinato, cremación y entierro clandestino. Las circunstancias del hallazgo han disparado las sospechas sobre las imbricaciones del crimen organizado y la política mexicana.

Lo cierto es que mayoría de los Estados latinoamericanos llevan décadas asediados por distintas formas de criminalidad.

Si la violencia guerrillera comenzó a disminuir en los años ochenta, la violencia criminal tomó el relevo y, desde entonces, no ha dejado de crecer a lo largo y ancho de toda la región. Su proceder ha ido cambiando, y hoy puede decirse que el paisaje del crimen organizado lo componen bandas de implantación transnacional, organizadas de forma muy flexible, como el Tren de Aragua.

Se benefician de la carencia de órganos de coordinación entre los Gobiernos de la región. Las vastas zonas fronterizas de aquel continente les son predilectas, porque constituyen una zona difícil de controlar, en la que las bandas están empezando a sustituir a los Estados, llegando incluso a explotar cierto volumen de flujo migratorio.

Los expertos señalan que las últimas tendencias se orientan, a diferencia del proceder tradicional de las bandas más conocidas, a no establecer vínculos con la población ni intentar generar una base de respaldo social. Esta dinámica apunta a una evolución muy preocupante: si los Gobiernos de la región no actúan en conjunto para diagnosticar con precisión el problema y encontrar soluciones efectivas y coordinadas, la violencia seguirá escalando.

Tras la pandemia, que acentuó la recesión económica, se desataron conflictos internos en el seno de algunas bandas que operan en la región, y eso propició una peligrosa metástasis de grupos criminales decididos al reparto territorial de sus zonas de influencia respectivas. Añádase a esto un cambio en los patrones de consumo de estupefacientes en Estados Unidos, que ha encontrado su más conocida expresión en la boga creciente del fentanilo. Como consecuencia de todo ello, muchos pagos a las bandas locales se hacen «en especie», con droga, generando a esas estructuras la urgencia de comercializarla en el mercado interno para realizar su valor. El resultado final es un crecimiento exponencial de la violencia callejera.

Creo que los desafíos de seguridad reclaman un abordaje múltiple. Porque suelen ser múltiples los componentes de ese tipo de crisis. La desigualdad, la situación del sistema penitenciario, los flujos económicos ilegales, el control de fronteras… son campos para una decidida acción de reforma normativa y de ejecución inmediata. Lo primero es poder contar con que haya en el país, al frente de sus instituciones, voluntad y recursos suficientes para entender, atajar, encauzar y superar la crisis. La solidez del tejido institucional, el imperio de la ley y la voluntad ciudadana de no desistir ante ningún chantaje criminal son recetas de comprobada eficacia.

Crisis de seguridad: contraindicaciones

Determinación y firmeza son esenciales a la hora de plantar cara al crimen organizado. Pero conviene tener claro el deslinde entre fuerza legítima y violencia arbitraria. La ley y los procedimientos legales son garantías y, por tanto, límites que conforman el uso del poder acotándolo. Viene esto al caso de la popularidad de modelos particularmente «expeditivos» que incitan a la búsqueda de atajos, para ahorrarse los rodeos a que obliga el Estado de derecho.

No formulo aquí un juicio acerca de la política de seguridad del presidente de El Salvador Nayib Bukele. Me limito a valorar un discurso muy extendido en la región que lo presenta como referencia política inspiradora.

Parece un hecho la disminución del número de delitos violentos en El Salvador. Según datos del Programa de las Naciones Unidas para el Desarrollo (PNUD), en 2015 había 106,3 homicidios por cada 100.000 habitantes, número que disminuyó hasta 7,8 en 2022. Las cifras del Gobierno salvadoreño indicaban que en 2023 se llegó a 2,4. Para un país que sufría tal nivel de inseguridad, no es un logro menor. El ascendiente de Bukele se asienta en este tipo de datos.

El discurso que legitima su política apela a tratar excepcionalmente situaciones excepcionales. Hasta cierto punto, esto siempre fue así y el *salus populi, suprema lex* es tan viejo como Cicerón. Pero no se puede confundir la aplicación severa de la ley con la arbitrariedad.

En mi etapa de gobierno, en circunstancias duras y difíciles, cuando había que actuar con toda determinación para combatir la amenaza terrorista, no me cansé de repetir que actuaríamos «solo con la ley, pero con toda la ley». Vale decir: con toda la ley, pero solo bajo la ley, en su defensa y a su amparo.

Es lógico que cuando se viven grandes crisis de seguridad se extienda transversalmente una demanda popular de liderazgos capaces de acabar con el crimen organizado con mano dura. Es un fenómeno comprensible, pero debe ser examinado con cautela. Una política democrática que aprecie la institucionalidad y el Estado de derecho no puede ignorar las causas que hacen popular la tentación de ir más allá de la ley y del respeto a los derechos humanos. Mucho menos puede ni debe ceder a su lógica.

La política en este campo también debe tener en cuenta las circunstancias concretas de lugar y tiempo. No hay fórmulas mágicas que poder importar. La acción aquí debe ser el resultado de una seria reflexión y del estudio de esas circunstancias. Improvisar imitando artículos de importación sería tanto como arriesgar la pérdida de instituciones y principios difíciles de recuperar más tarde.

Por otro lado, al examinar tendencias de largo plazo, se relativizan logros que en un primer momento pueden resultar espectaculares. En El Salvador, la disminución de la criminalidad comenzó a producirse por lo menos desde 2016; es, por tanto, bastante anterior a que Bukele llegase al poder. Algunos acontecimientos cuestionan, además, el grado de desarticulación real de las *maras* salvadoreñas. Por ejemplo, en marzo de 2022, respondiendo a la ofensiva gubernamental que detuvo a sus principales jefes, consiguieron asesinar en represalia a 87 personas en setenta y dos horas.

El éxito de cualquier Gobierno en este campo dependerá de la continuidad en su control del crimen, que no se logra prorrogando situaciones de excepcionalidad constitucional. Las políticas de éxito son aquellas cuyos resultados se mantienen en el tiempo, y eso solo es posible cuando producen y consolidan situaciones normalizadas.

La misma idea de excepción remite siempre a una norma. Creo sinceramente que la mejor garantía de futuro de cualquier sociedad es un respeto escrupuloso a la institucionalidad democrática, a la separación de poderes, a las garantías constitucionales. Porque existe el peligro de que el poder, desbordado en un punto para atender una situación de peligro extremo, no respete luego ningún límite. Controlar y castigar el crimen organizado es una atribución esencial de cualquier Gobierno democrático, no una excusa para legitimar la concentración del poder político y su ejercicio arbitrario.

Tal vez la lección más aprovechable del caso salvadoreño sea que ejemplifica bien un problema muy actual de las democracias liberales: su legitimidad ante la ciudadanía se resiente cuando no aciertan a resolver, dentro del marco constitucional, problemas graves y concretos como este de la seguridad. Cuando eso ocurre, la desconfianza no afecta solo al orden público, sino a la democracia misma como sistema capaz de garantizarlo.

Por eso, a quienes defendemos la democracia nos importa tanto su funcionamiento eficiente. Democracia y libertad son nociones que deben justificarse no solo en el plano normativo, sino en la realidad de cada día. Y eso no es sencillo: la democracia implica deliberar, negociar y buscar consensos difíciles. Manejar toda esa complejidad y obtener a partir de ella resultados tangibles es lo que puede justificar la adhesión de los ciudadanos al sistema democrático.

En Hispanoamérica, construir democracias fuertes y eficaces es el mejor remedio para sortear los escollos del populismo y la autocracia, tentaciones muy peligrosas que hacen naufragar a los pueblos que sucumben a ellas.

La crisis de seguridad no se resolverá marginando la institucionalidad. Todo lo contrario: reforzarla debería ser el primer paso de cualquier política sensata. Y eso quiere decir buscar el margen de acción disponible y hacer uso de los recursos constitucionales y legales para afrontar situaciones críticas. La política en este difícil campo, peligroso y estrecho, debe saber encontrar el punto de equilibrio entre ignorar la gravedad del problema y abandonarse a métodos desesperados para resolverlo. El reto está en diseñar y poner en práctica estrategias viables y sostenibles a largo plazo que respeten los principios de la democracia y del Estado de derecho, sin negar la dimensión de lo que está en juego.

Mercosur y la Europa transitiva

Julián Marías afirmaba que la gran creación de Europa, «su máximo honor», es lo que llamamos Occidente. Porque, decía, Europa fue siempre un continente «transitivo», espoleado por deseo de poder o engrandecimiento, pero, sobre todo, por una curiosidad inagotable por lo distinto y un afán de aventura incontenible. Es el caso, en especial, de Inglaterra, Portugal y España, naciones característicamente «transeuropeas».

Europa alumbró una serie de países con los que conforma una unidad superior. Creo que el entendimiento de esa realidad sirve para orientarse en la encrucijada sobre la que versa este capítulo. Europa y América, decía también Marías, son los dos «lóbulos» de Occidente, distintos pero inseparables, insuficientes si se toman por separado, porque se necesitan tanto como se completan, y se disminuyen cuando sienten la tentación de desentenderse uno del otro. Por eso creo que Iberoamérica, para ser fiel a sí misma, a lo que la constituye auténticamente, tiene que ser solidaria con el Occidente del que forma parte.

La vinculación con Occidente —con Norteamérica y Europa— no es solo una cuestión de raíces, sino también de frutos. Cualquier examen desapasionado revela pronto que el interés bien entendido de las naciones hispanoamericanas apunta en esa dirección.

Por eso conviene analizar las causas del deterioro de las relaciones entre la Unión Europea e Iberoamérica, para aprontar los remedios más eficaces y, en lo que a los europeos concierne, estudiar cómo desde la Unión Europea podemos forjar herramientas de cooperación en áreas de interés compartido.

Nuestras relaciones han conocido fases muy distintas en lo que va de siglo. Iberoamérica vivió un momento de gran expansión, básicamente impulsado por el crecimiento del precio de las materias primas, pero, a partir de 2014, registra un periodo de relativo estancamiento. Como apunté más arriba, hay quien habla de una década perdida.

La coyuntura demanda liderazgos políticos cohesivos, capaces de convocar en torno a proyectos ilusionantes amplios estratos de clase media que estaban empezando a crearse en la región y que ahora están muy dañados. Un ingrediente esencial de esos proyectos probablemente deba ser la transformación del modelo de crecimiento, para ir más allá de la explotación de los recursos naturales del continente.

De ahí que ahora el acercamiento a la Unión Europea tenga un carácter estratégico para América Latina. Porque representa una oportunidad inmejorable de vincular definitivamente, desde el punto de vista económico, la Unión Europea con Mercosur y de esa manera conseguir una sintonía y una transferencia de recursos significativa que impulse un crecimiento sostenido en la región.

La Unión Europea tiene una especial responsabilidad a la hora de asumir y desarrollar acuerdos como el recientemente suscrito con Mercosur. En un momento en que la erosión del vínculo atlántico suscita la tentación de romper amarras, dividir comercialmente Occidente y orbitar en torno a China, la opción opuesta, la de estrechar todo tipo de lazos entre Europa y América tiene rango de apuesta civilizatoria. Porque, entre nosotros, abrirse al otro no es dar cabida a lo extraño ni subordinarse a un poder ajeno. Es permanecer leales a un esquema de valores y evitar caer en manos de quienes conciben el comercio internacional sometido a una agenda —esta sí— neocolonial.

España debería estar jugando un papel relevante en la promoción de todo esto. Y es muy de lamentar que no lo esté haciendo. Porque si nuestro país no hace visible la realidad de Iberoamérica en Europa, nadie lo hará.

Lamentablemente, desde que se decidió orientar nuestra política respecto a Iberoamérica atendiendo a prejuicios ideológicos, hizo crisis la línea de continuidad que simbolizaron esas cumbres mencionadas al principio del capítulo. Por esa pendiente, los sucesivos Gobiernos socialistas se han deslizado a toda velocidad de forma torpe y temeraria.

Estamos haciendo lo contrario a una labor de estímulo democrático en la región. Esto no es fortuito; el Gobierno español actual lo integra un sector que comparte y fomenta el programa de la izquierda radical populista latinoamericana, con quien mantiene vínculos muy estrechos de todo tipo. Con esas cartas, no tenemos ninguna baza ganadora en Europa; en América, tal posición representa, antes que nada, una falla ética y supone un elevado coste reputacional. Esta es otra de las razones que hacen urgente la necesidad de un cambio de Gobierno en España. Hacen falta, al timón, dirigentes políticos que se sientan más cómodos estrechando lazos con demócratas que brindando embajadas a dictadores para facilitar sus coacciones.

Una España donde el revisionismo impugna la Transición, porque desde el poder quiere minarse el fundamento histórico de nuestra democracia, no podrá inspirar ni acompañar en su camino hacia la libertad a ningún pueblo hermano decidido a recorrerlo.

6

NOSOTROS, LOS ESPAÑOLES

El discurso político se está impregnando de nostalgia; prolifera la añoranza de épocas más cohesionadas y están de moda las «elegías rurales». Tal vez porque el mundo entero ha entrado en una era de fragmentación. Este es un fenómeno subyacente que acompaña —y condiciona— a la polarización política, tan comentada.

Muchos avivan la nostalgia como combustible para señalar a los culpables de nuestro alejamiento de los «buenos viejos tiempos». Pero aquella vida, orgánica y consolidada, no volverá. La sociedad antigua no podía sobrevivir a la globalización, a la revolución sexual, a la movilidad migratoria o a la libertad de consumo. De nuevo, lo acertado no será impedir o revertir el cambio, sino acomodar las transiciones históricas paliando sus desventajas y compensando sus pérdidas inevitables. Porque a la modernidad, que tiene su precio, le asisten buenas razones: disfrutamos de mucha mayor holgura, creatividad y opciones individuales que las que eran posibles o tolerables en las sociedades tradicionales.

Además, no creo en la nostalgia como respuesta. Mejor será aplicarse a fortalecer los vínculos comunitarios y evitar los excesos, tanto de la rigidez centralizadora como del individualismo fragmentador. Hay que restaurar la cadena que nos conecta a cada uno con la familia, la nación y el mundo; reparando lo deteriorado en cada eslabón. Pienso que los españoles tenemos que preservar y fortalecer, sobre todo, el *nosotros* con que expresamos nuestra fe en un destino compartido.

En primera persona del plural

En las familias, es frecuente discutir asuntos de interés común. Habrá opiniones distintas y contradictorias. Pero aceptamos someternos a la decisión final porque compartimos el compromiso de permanecer unidos. Creemos que hay algo más importante para todos que nuestra propia opinión: la familia. Su bienestar y futuro son precisamente el objeto que nos reunió para intercambiar puntos de vista. Y aunque nuestras opiniones entren en conflicto, la familia no cambia. Es que una identidad compartida suaviza el desacuerdo. Hace posible la oposición y el debate racional. Y es el fundamento de cualquier forma de vida social en la que el compromiso, en lugar de la imposición, sea la norma.

Lo mismo ocurre en la vida política. La oposición, la libre expresión de la disidencia y el compromiso presuponen una identidad compartida. Debe existir una primera persona del plural, un nosotros, para que un conjunto de individuos permanezca unido, aceptando las opiniones y deseos de los demás, metabolizando los desacuerdos. Ese vínculo fue en otro tiempo religioso o tribal, pero hoy solo puede ser territorial, secular y nacional.

La nación es resultado de procesos de integración y vecindad humana. Un producto histórico fruto de conflictos y compromisos alcanzados en el tiempo sobre un territorio compartido. Sobre ese vínculo previo puede asentarse la democracia. Los vecinos se verán como conciudadanos sometidos a la misma ley y obligados a prestarse mutuo auxilio en momentos de crisis. Porque creerán compartir un hogar. En ese terreno acotado, la disputa democrática no creará diferencias irreconciliables.

La importancia de la idea de nación está precisamente ahí; no en el halago de vanidades colectivas, ni en el «narcisismo de las pequeñas diferencias». La genuina convivencia nacional es garantía de paz civil, porque protege al disidente de los ortodoxos, a la minoría de la mayoría, uniéndonos a todos en el pronombre del que nos servimos para afirmar que compartimos recuerdos y esperanzas. La nación conecta nuestro presente con un pasado histórico y un futuro en el que podemos seguir reconociéndonos.

Cuando la vigencia de la idea nacional se debilita, apenas queda un conjunto de individuos desligados, dedicados a maximizar su bienestar, a cargo de una burocracia ocupada en conciliar intereses en conflicto mediante regulaciones cada vez más minuciosas. Una sociedad desmenuzada se aboca al intervencionismo estatal.

Renan escribió que la Revolución francesa «dejó a un solo gigante, el Estado, dominando a millones de enanos». Tocqueville ya lo había anticipado. Ambos vaticinaron una patología muy moderna: la sociedad como agregado de «yoes» que reclaman derechos, cuyo otorgamiento y garantía corren, en exclusiva, por cuenta del Estado. Él debe encargarse de mi buena salud, de la educación de mis hijos… «Yo» y «él», una conjugación empobrecida de la que está ausente el nosotros, la noción de comunidad. La pérdida de sentido comunitario hace casi fatal el enganche estatista. Y cuando los daños de la adicción inmoderada al intervencionismo se hacen muy evidentes, se recurre a sucedáneos que satisfagan en algo nuestra necesidad de pertenecer. Esto explica el auge de las políticas de identidad y del nacionalismo populista, ofrecidos como respuesta al apetito de calor comunitario que el Estado —el «más frío de todos los monstruos fríos», según Nietzsche— no puede dar. Populismo e identitarismo son callejones sin salida, pero también síntomas que denuncian la gravedad del problema.

Patriotismo compasivo

Muchas veces se dan por supuestos conceptos e ideas y se evita ahondar en su significado. Hasta que se hacen polémicos. No es poca cosa que esto pase hoy en España con la idea de nación. Con la idea misma del nosotros que nos configura. Por eso me parece prioritaria la necesidad de afirmar la realidad nacional de España.

Esta no es simplemente una controversia sobre palabras. La nación española no es invento de nadie, está ahí, con el peso de más de cinco siglos de trayectoria histórica. He comenzado este capítulo argumentando cómo las democracias encuentran su cimiento en la lealtad nacional; la lealtad que se supone compartida por Gobierno y oposición, por todos los partidos políticos y por el electorado en su conjunto.

Donde la lealtad nacional se eclipse, difícilmente podrá arraigar la democracia: la disputa partidaria será desafío total; los desacuerdos políticos no abrirán espacio a la avenencia y se hará imposible incluso la discusión. Porque hasta para discutir hay que ponerse en un plano común. Es imposible jugar al ajedrez sin tablero, al fútbol sin campo, al tenis sin pista. Por lo mismo, es imposible hacer política democrática sin nación. Es la lealtad nacional, eso que llamamos patriotismo, lo que permite disentir sin enfrentamientos; construir instituciones más allá de colores partidistas; evitar la politización total, es decir, totalitaria, de la vida pública; aceptar la alternancia sin temer a los ocupantes transitorios del poder, aunque no tengan nuestras ideas, porque, siendo compatriotas, no atacarán lo que consideramos común.

El patriotismo genuino no tiene nada que ver con el miedo ni con el odio. Es afecto cívico. Que su degeneración patológica conduzca a la agresión y el conflicto no decide en favor de la extirpación de un sentimiento natural y positivo. El patriotismo necesario es como aquel que Simone Weil llamaba «patriotismo de compasión»; adaptando sus palabras, lo describiría diciendo: «Podemos amar [España] por la gloria que parece garantizarle una existencia que viene desde muy lejos en el tiempo y en el espacio. O podemos amarla como algo que, por ser terrestre, puede ser destruido y cuyo precio es por ello tanto más sensible».

Nación y continuidad histórica

No postulo un concepto esencialista de nación. Las esencias no necesitan defensa, viven en la eternidad. Pero España no es una creación intemporal. Como toda sociedad organizada, es resultado histórico y proyecto. Los españoles han aparecido en el curso de los siglos y han creado a lo largo de la historia lazos de solidaridad entre ellos, al decidir sobre su destino. Poner en riesgo ese patrimonio es comprometer nuestro futuro. La continuidad histórica de la nación española es la garantía de que se podrán mantener y mejorar la libertad, la igualdad, la justicia, la solidaridad, la seguridad y la prosperidad de cuantos habitan en ella.

España, como realidad histórica y cultural, tiene su raíz plural en los reinos cristianos medievales, pero se basa ante todo en la herencia de la Hispania romana y visigoda, común a todos ellos, y en la unidad política establecida desde hace quinientos años por la integración de esos reinos en la monarquía de España, mediante la unión de las Coronas de Castilla y Aragón y el reino de Navarra. Tres siglos después, en la guerra de la Independencia, la nación adquirió como tal plena conciencia de su soberanía, proclamándola por vez primera en la Constitución de 1812.

España se formó sobre la base de sucesivas incorporaciones que fueron configurando su ser nacional sin perder sus peculiaridades originarias. Esa pluralidad en su formación histórica, así como la diversidad de lenguas y tradiciones culturales, son, por tanto, elementos constitutivos de la nación española. La enriquecen, sin merma de los factores unificadores basados en una larga historia compartida.

Los españoles del siglo XXI somos herederos de un pasado que pervive en forma de posibilidad. Optamos siempre entre las posibilidades de cada momento y así somos agentes de nuestra propia historia. Esa elección no depende de ningún fatalismo, sino de nuestra capacidad para sostener la libertad, de nuestra inteligencia para discernir alternativas y de nuestra voluntad para desear lo mejor.

Precisamente porque los españoles optaron, la nación española, realidad histórica, tiene, además, una definición constitucional. Es el sujeto de la soberanía; el titular del poder constituyente; el fundamento de la propia Constitución.

Restauración o discordia

La historia constitucional española no ha sido fácil; abunda en episodios de discontinuidad y ruptura. Discordias civiles, motines y levantamientos salpican nuestro siglo XIX. Nos costó casi un siglo aprender el valor de la concordia nacional.

En las encrucijadas siempre ayudan las referencias de autoridad. En este sentido, la figura de Cánovas adquiere hoy singular relevancia. Su obra más reconocible consistió en levantar un sistema político que pacificó medio siglo de discordia civil. Antes de 1876, el fruto de nuestra cosecha revolucionaria fue bien pobre: la incapacidad de consolidar el régimen representativo. Cánovas es el arquitecto principal de una solución de compromiso y consenso: la Constitución de 1876. Es curioso; las dos constituciones que han propiciado períodos más largos de estabilidad política coinciden también en haber despertado una saña similar. Las calumnias a la primera y a la segunda Restauración tienen, todas, un aire de familia. Y es que siempre hay un inocente a quien cargar las culpas de quienes no lo son.

Este sufrido papel le fue adjudicado a la Constitución de 1876. No hubo abuso, corruptela, escándalo ni catástrofe cuya responsabilidad no se imputase al código inspirado por Cánovas. Leyendo algunos vejámenes, cabría pensar que don Antonio fue un estadista ajeno a las naturales exigencias del lugar y del momento; que improvisó un tenderete político a base de caprichos y lecturas... Nada de eso. Es al revés; Cánovas se encontró con un problema gravísimo y apremiante: reconciliar a los ciudadanos en armas, unificar la conciencia nacional. Que consiguió restablecer la convivencia bajo un amplio régimen legal lo prueba un simple vistazo a la historia. Se acabaron, durante cincuenta años, las afrentosas manchas de sangre que salpicaban páginas enteras de nuestros anales. Guerras civiles, pronunciamientos, revoluciones de toda índole. Y todo eso se logró, en beneficio de España, gracias a la Constitución de 1876, que creó una zona media, ancha y profunda, en que el ejercicio de las libertades públicas garantizaba el derecho de todos. Las instituciones ganaron estabilidad, porque el sistema de partidos amplió gradualmente su base de sustentación.

Los males que afligieron a la España de entonces se parecen a los nuestros. No derivaron del código que trató de estructurar su vida pública. La proposición contraria es la cierta: el incumplimiento de las leyes constitucionales determinó muchas de esas situaciones. La Constitución de 1876 no sirvió de estorbo a nadie. Bajo su patrocinio gobernó bien quien pudo, y mal quien no supo. En esto también encuentro similitudes con la de 1978.

Cánovas tuvo un plan muy definido para acometer aquella «transición» desde el naufragio republicano a la orilla de la monarquía alfonsina: buscar un consenso básico en lo fundamental, y a la vez, aplazar las cuestiones de programa. Su política fue característicamente pragmática. Pero no oportunista: el pragmatismo canovista no era pusilánime, porque no respondía a un rasgo de carácter sino a una idea sobre la política: «la política es el arte de aplicar a cada época de la historia aquella parte del ideal que las circunstancias hacen posible».

Cánovas se empeñó en que la Restauración tendiese a lograr un equilibrio funcional antes que doctrinal: la oposición de fuerzas políticas debía producir una resultante compensada. Decía: «No existe posibilidad de gobierno sin transacciones justas, honestas, inteligentes». Ahí es donde su pragmatismo encuentra límites. La justicia, honestidad e inteligencia de esas transacciones Cánovas las vinculaba al respeto de lo que llamaba «verdades-madres». Una vez aceptadas, hacían discutible todo lo demás. Por una parte, tres valores universales: libertad, igualdad ante la ley y propiedad. Por otra, tres realidades nacionales: monarquía, dinastía y soberanía nacional.

El ejercicio del gobierno había de lograrse por medio de un bipartidismo a la inglesa. Se discierne la huella de Burke en esa concepción de los partidos y su función: suya es la idea del doble principio de «conservación y corrección» que hace del juego político una práctica acumulativa y coherente.

Piedra angular de todo el sistema es su concepto de nación y de «constitución interna». La soberanía nacional, ubicada en la continuidad histórica, es entendida como creación de sucesivas generaciones, pasadas, presentes y futuras. Por tanto, nadie, en un momento dado, tiene derecho a sustituirla. Es lo que late detrás de la frase que mejor lo retrata: «No venimos a interrumpir, venimos a continuar la historia de España».

Donde tal vez brilla más el genio de Cánovas es a la hora de practicar su obra de atracción para afianzar el otro pilar del sistema. Contó con Sagasta, con Castelar y sus republicanos posibilistas, cierto, pero fue mérito suyo incorporarlos a la legalidad. Y hacerlo sin adoptar posturas claudicantes. Cánovas poseía el tipo de habilidad política que hoy más añoramos. Esa destreza tiene que ver con liderazgos fuertes, no con los endosos de responsabilidad que ahora tanto se estilan.

De Cánovas me interesa sobre todo la lección aprovechable para nuestra circunstancia actual. Y la de hoy es otra España, muy distinta de la suya. Pero el problema de ampliar y recomponer los consensos básicos, por desgracia, sigue acompañándonos. Si atendemos a la fragmentación del sistema de partidos, al clima de polarización, al cuestionamiento del fundamento histórico de nuestra convivencia o a las crecientes cuotas de poder regaladas a los enemigos declarados del orden constitucional, creo que la expresión «encrucijada histórica» no es desorbitada.

España tenía pendiente, antes de 1978, el problema de cómo lograr un consenso amplio, apoyado en una organización institucional adecuada y flexible, para que los españoles de distintas ideas e intereses pudieran convivir pacíficamente, colaborar en empresas comunes, defender de manera civilizada sus posiciones, alternar en el ejercicio del poder y, en definitiva, tolerarse mutuamente. Ya no hay que reconstruir el edificio que albergue nuestra convivencia, porque existe y nos cobija a todos. Pero la tarea de preservarlo convoca, como referencia histórica, muchas de las ideas, las opciones y los lo-

gros de Antonio Cánovas del Castillo. Por encima de los flujos y reflujos de la historia, tal vez necesitemos recordar alguna de esas «verdades-madres» de las que hablaba don Antonio.

En tiempos de deconstrucción y autodesprecio histórico es oportuno recordar que la idea de nación importa. Nos advierte que la soberanía nacional no la puede confiscar un censo puntual, porque se despliega en la continuidad histórica de las generaciones. Una nación no se improvisa en ningún referéndum. Cánovas nos enseñó que España no es una creación intemporal ni un invento; es herencia y proyecto.

La casa dividida

La nación está sujeta a circunstancias de espacio y tiempo. Tiene implantación territorial y vida histórica. La nación española, hoy, se ve amenazada en esas dos dimensiones. La pretensión del secesionismo amenaza, en último término, la integridad territorial de España. Por otro lado, el revisionismo histórico legisla para imponer una visión canónica de nuestro pasado reciente, basada en la confrontación. Por pura mezquindad electoralista, la izquierda y los nacionalismos fragmentadores tienen entablado un pleito contra la idea misma de nación española, concepto que, en su discurso, ha pasado de ser «discutido y discutible» a ser simplemente «cancelado».

Dije más arriba que esta no me parece una mera controversia sobre palabras y he razonado por qué. Añado ahora lo dicho por Lincoln: «Una casa dividida contra sí misma no puede sostenerse». Debemos atajar cualquier amago de disolución nacional, cualquier propósito de fragmentación del Es-

tado; simplemente, porque nos va en ello nuestro futuro. Estoy convencido de que ningún intento divisivo prevalecerá. Pero ese convencimiento no suprime la necesidad de robustecer los cimientos de la casa.

España no es un mero caparazón administrativo, ni una simple expresión geográfica, ni mucho menos un error histórico que toque corregir. Constituida como Estado nacional hace siglos, España es, desde 1978, una nación de raíz plural que se organiza políticamente, porque así lo ha querido, como Estado autonómico. Conjuga con esa fórmula unidad y diversidad. La configuración del Estado autonómico, dentro de la unidad de la nación española, se fundamenta precisamente en su pluralidad y diversidad. La autonomía, sin embargo, no es ni puede convertirse en soberanía. Tampoco puede conducir a una disociación o disgregación territorial ni a un debilitamiento del conjunto de España. Solo puede concebirse, interpretarse y aplicarse sobre la base de la unidad nacional, la cohesión social y la solidaridad interterritorial.

El golpe secesionista del año 2017 ha agudizado el debate sobre el rendimiento del modelo autonómico. Desde mucho antes, desde el informe del Consejo de Estado de 2006, se viene hablando de «cierre del modelo». El principio dispositivo, primero, y, luego, la potestad que se atribuían las comunidades autónomas de reformar indefinidamente sus estatutos de autonomía en sentido expansivo, cuando no claramente inconstitucional, no podía abocar a un modelo permanentemente abierto. Eso equivalía a mantener el ciclo de las reivindicaciones soberanistas abierto a perpetuidad: los políticos que construyen identidades sobre heridas están muy dispuestos a mantenerlas siempre abiertas.

Desde el año 2010 la cuestión está zanjada. La sentencia del Tribunal Constitucional sobre el Estatuto de Cataluña traza los límites del Estado autonómico. Tras ella, no puede sostenerse que el reparto de competencias permanezca abierto o indeterminado. La Constitución tiene límites materiales infranqueables si queremos permanecer dentro del modelo autonómico diseñado por ella. Los que afirman su ilimitada plasticidad lo hacen pensando en su liquidación para dar lugar a otra cosa: a la autodeterminación, a un Estado confederal o, directamente, a la ruptura.

El modelo constitucional no es confederal: no admite la posibilidad de la autodeterminación interna ni la «plurinacionalidad». Tampoco es federal, aunque use técnicas federales, porque su propósito no es vincular lo disperso, sino descentralizar un Estado unitario sin fragmentar la soberanía. Por tanto, no caben ni federación, ni confederación, ni nación de naciones, ni Estado plurinacional. El sentido auténtico de la descentralización política es la limitación del poder y el mejor servicio a los ciudadanos, no el acomodo jurídico de ningún chantaje nacionalista.

Defiendo el modelo constitucional no solo por respeto a su vigencia normativa, sino también porque creo que una nación de ciudadanos libres e iguales es una construcción política éticamente superior a un agregado precario de identidades homogéneas e impenetrables. No cabe un nacionalismo español opuesto a diversos nacionalismos periféricos porque España no necesita construirse como nación: ya lo es.

Disolución nacional y fragmentación del Estado

Quienes cuestionen el Estado autonómico, fórmula política ideada para integrar unidad y diversidad, deben ser muy claros a la hora de decirle al pueblo español qué proponen como alternativa. Ser claros a la hora de decirle si lo que plantean es una razonable mejora de aquella fórmula integradora, o es un señuelo, o es la decisión unilateral de poner punto final a la trayectoria histórica de España como nación. Y esto es, justamente, lo que hoy se quiere poner en riesgo. Lo que está en juego es la desnacionalización de España, su desarticulación nacional.

Los principales impugnadores del modelo constitucional no están en disposición de ofrecer modelos alternativos de integración. En el caso del secesionismo, la denuncia de la democracia española, supuestamente lastrada por un franquismo vestigial, sirve para impugnar la unidad nacional como si fuera un valor inventado por la dictadura. Pero la descalificación radical de las instituciones ni la monopoliza el secesionismo ni se entiende sin recordar la trayectoria de la izquierda española en los últimos años.

A partir de 2004, la izquierda en su conjunto quiso dejar de sentirse solidaria con una generación que había protagonizado, desde sus filas, la Transición y el proceso constituyente. Decidió echarse en brazos de quienes patrocinaban las narrativas más radicales sobre esa etapa histórica y cortejar a las opciones nacionalistas como nuevos socios «constituyentes». El precio del aislamiento con que se intentaba expulsar al centroderecha de la vida política fue demoledoramente alto: la necesidad de converger con partidos nacionalistas en progresiva radicalización. Había que negociar no ya traspasos competenciales, sino el modelo mismo de Estado. Se puso en marcha un proceso de deterioro galopante. Las consecuencias, hoy, están a la vista. No estamos ante un proceso espontáneo, sino ante el resultado de un impulso político que es preciso revertir. Porque asistimos al ataque combinado contra todo lo que ha contribuido al éxito de la España contemporánea: la Transición, la Constitución, la definición de España como nación plural, el modelo autonómico. Todo lo que ha alejado a España de la violencia y la polarización.

Deformación del modelo autonómico

El modelo autonómico ha llevado la descentralización política bastante más allá que la de muchos Estados federales. Pero su desarrollo no tiene una evolución homogénea. Durante una primera etapa, los dos grandes partidos nacionales, PSOE y PP, conducían la marcha con prudencia. Vertebraban el sistema porque los acuerdos sobre su fundamento no se hacían depender de formaciones que lo impugnasen. La fase de conducción responsable duró hasta 2004. A partir de entonces, el PSOE optó por los nacionalistas como nuevos socios «constituyentes». Los problemas del modelo autonómico, como se ve, no son de fábrica, son de práctica. Ningún vehículo, por bien diseñado que esté, resultará indemne si se pone al volante un conductor suicida.

Para examinar esta cuestión creo necesario, primero, asentar algunas premisas. El desarrollo integral del modelo autonómico incluye al Estado mismo, entendido como Administración central. El Estado no puede ser un simple almacén de competencias que se van trasladando a las unidades territoriales para que, al final, solo quede un conjunto residual más o menos fortuito. Por el contrario, es una pieza esencial del propio sistema, la que tiene que asegurar la articulación del conjunto, hacer posible su funcionamiento y propiciar también la observancia final de los valores de unidad, de solidaridad y de igualdad que la Constitución impone como cuadro general del modelo.

El Tribunal Constitucional en 2010 evitó el intento de ampliar competencias autonómicas afectando el núcleo de las reservadas al Estado por el artículo 149.1°. Después de esa sentencia, como he dicho, nadie puede pretender que «en la Constitución cabe todo» y que solo es cuestión de «poner voluntad política», porque, o no sabe de lo que habla o sabe perfectamente que está mintiendo. En 2010 y, por cierto, con una mayoría de esas que llaman «progresista», el Tribunal Constitucional estableció hasta dónde puede llegar la expansión de la autonomía sin destruir las bases constitucionales del Estado.

Acoger propuestas que pretenden contentar a los que viven de no estar nunca contentos, es baldío y, además, implica aceptar una falsedad: que en la Constitución no se reconocen suficientemente las «singularidades». Falso, la Constitución de 1978 reconoce y ampara esas singularidades amplísimamente: foralidad, lenguas propias, insularidad; ni rastro de uniformismo por ningún lado.

Las crisis que provoca el nacionalismo no se resuelven con más nacionalismo. No olvidemos algo que por experiencia deberíamos haber aprendido después de más de cuarenta años de desarrollo autonómico: los que más exigen son los menos dispuestos a comprometer nada. No hay que arrepentirse por haber buscado marcos para el entendimiento. Era lo que había que hacer, por patriotismo. Ese marco era y es la Constitución, con su reconocimiento del derecho de autonomía. Ese y ningún otro. Pero no se puede pedir a nadie confianza ingenua en quienes proclaman la sedición y la ruptura como punto principal de su programa.

Frente a toda pulsión centrífuga, me parece necesario afirmar tres criterios fundamentales: primero, debemos superar el falso paradigma de la bondad de la descentralización infinita que aboca al Estado residual. La descentralización es una técnica instrumental, no una ideología. Segundo, debemos frenar la creciente disolución de los elementos nacionales comunes. Lo común existe y no debe disolverse por completo en lo particular. Y tercero, debemos dotar de racionalidad económica y funcional al modelo territorial, poniendo freno a la desvertebración.

De Renan a López: más que palabras

En 1882 Ernest Renan pronunció en la Sorbona su famosa conferencia «¿Qué es una nación?». En 2017 Patxi López hacía esa misma pregunta a Pedro Sánchez; disputaban la Secretaría General del PSOE en las primarias de ese año. Así que la pregunta era retórica y solo buscaba destapar las carencias del rival. «Pedro, ¿tú sabes lo que es una nación?». El balbuceo que siguió quiso ser una respuesta; una más en la larga lista de definiciones tentativas ensayadas por el candidato Sánchez hasta ese momento.

En 2014, decía que Cataluña era «nación» y «así debía recogerlo una nueva Constitución». En 2015 cambió de idea para decir que no iba a «aparecer eso», sino el «reconocimiento de las singularidades de la sociedad catalana en la Constitución». Y en octubre de 2016, poco después de su defenestración, defendió en una entrevista que «España es una nación de naciones. Cataluña es una nación dentro de otra nación que es España, como lo es también el País Vasco, y esto es algo de lo que tenemos que hablar y reconocer». España era ya para él un juego de muñecas rusas. La nueva doctrina fue avalada en el XXXIX Congreso Federal del PSOE, mediante una enmienda introducida para reconocer que «España es un Estado plurinacional».

Cuando más necesaria resulta una izquierda nacional, Pedro Sánchez lleva al seno del socialismo español la confusión sobre algo esencial. Porque bajo su mandato, según la federación territorial de la que se trate, el socialismo español tiene una idea u otra de qué es España. Su incapacidad ha favorecido dentro de su partido interpretaciones tan dispares como el «federalismo asimétrico», de los socialistas valencianos; la «federación de islas», de los baleares, o el «modelo federal cooperativo», propuesto desde Andalucía.

En realidad, los problemas del PSOE con la idea de nación vienen de lejos. Tanto como su tentación de ir confederalizando el Estado autonómico hasta hacerlo irreconocible, para así facilitar su convergencia con minorías nacionalistas, radicalizadas al comprobar que un partido sistémico acepta erosionar el marco constitucional. Cuando desde el PSOE se promovió una reforma estatutaria que modificaba la Constitución por la puerta de atrás —el Estatut—, se desató una puja al alza que llega hasta el *procés* secesionista y el golpe de 2017.

Esta dinámica fue minuciosamente analizada por un socialista histórico, Luis Fajardo Spínola. Su fase inicial se describe en el libro *¿Hacia otro modelo de Estado? Los socialistas y el Estado autonómico*, del año 2009. Ahí se recogen ponencias y documentos que iluminan la trayectoria posterior de los socialistas en este campo. Ahora me referiré a ciertos análisis expuestos en unas jornadas que la Fundación Pablo Iglesias, referencia entonces del PSOE, organizó en Sigüenza el 10 y 11 de marzo de 2005. Demuestran que los socialistas estaban advertidos, desde dentro, de lo que, por aquellas fechas, iban a poner en marcha y cuyas consecuencias todavía lamentamos. La peor de todas: destruir los consensos básicos entre PP y PSOE como elemento vertebral del sistema y avanzar hacia una relación materialmente confederal con Cataluña.

Por su interés y claridad citaré por extenso la intervención de un socialista histórico, José María Benegas, contestando a otras voces que decían «no asustarse de las palabras» para referirse a Cataluña como «comunidad nacional». Decía Benegas:

En estos momentos (marzo de 2005), más que el grado de competencias o sobre las posibles nuevas competencias que habría que transferir a las comunidades autónomas, estamos debatiendo, de nuevo, el modelo: si España es una nación de naciones, si una determinada comunidad autónoma es una comunidad nacional, o si cabe dentro de la Constitución un estatus de libre asociación para determinadas comunidades (…). Si hacemos esto, seamos conscientes de que estamos en un debate correspondiente a un periodo constituyente; porque el modelo —sobre todo si postulamos que no se reformará el art. 2 CE— es bastante claro, pues el término de nación queda reservado para España, que a su vez queda integrada por nacionalidades y regiones con derecho al autogobierno (…). A mi juicio no se puede decir que España sea una nación de naciones en el sentido de que España sea un *primus inter pares* dentro de un conjunto de naciones que existen también en el mismo territorio (…). Este no es un debate nominalista, secundario, más o menos irrelevante, porque afecta al ámbito de la soberanía, a la regulación del derecho al autogobierno y a la atribución con carácter exclusivo de un marco estatal a la nación española (…). Si de verdad queremos respetar la Constitución y las reglas del juego democrático, no entiendo cómo se puede decir ahora que da igual decir «nación» que nacionalidad cuando en la Constitución se dice expresamente nacionalidad (…). ¿Cuál es el problema de un nacionalismo reivindicativo si hacemos la concesión de la denominación nación? Que hoy se sentirán nación, pero mañana plantearán que toda nación por su propia naturaleza requiere un Estado.

Veinte años después, es muy de lamentar que *Txiki* Benegas no consiguiera imponerse en aquel debate. Desde entonces hasta la Declaración de Barcelona (julio de 2017), el PSOE ha continuado en una deriva que lo aleja de la nación para aproximarlo al nacionalismo. Esa declaración reconoce aspiraciones concretas del secesionismo catalán, ofreciendo propuestas para darle satisfacción, entre las cuales, la reforma de la Constitución es una más e incluye «el mejor reconocimiento de la realidad plurinacional de nuestro país» desde la premisa del «reconocimiento de las aspiraciones nacionales de Cataluña».

Hoy ya sabemos lo que puede esperarse de ese tipo de ofertas. Se presentan como «federalizaciones» del sistema autonómico para «encajar» reivindicaciones nacionalistas en un marco sostenible. Pero lo cierto es que no tienen nada que ver con un esquema federal auténtico. Sostener que un modelo federal se adapta mejor al encaje de los nacionalismos es una tergiversación o una muestra de ignorancia. Intentar remediarlo con alusiones a un «federalismo asimétrico» es confundir asimetría con diferencia y avalar esa peligrosa confusión recurriendo a un tipo de federalismo que, como tal, no existe en ningún sitio. Tampoco en Canadá.

Si de lo que se trata es de satisfacer pretensiones nacionalistas propiciando nuevas reivindicaciones, eso no supone ningún encaje, sino el éxito de la estrategia desestabilizadora del nacionalismo. Demostraría las enormes ventajas de no sentirse nunca encajado y acreditaría, una vez más, que para los nacionalistas el pacto nunca significa renuncia sino anticipo. Solo obliga a renunciar a los demás.

El bloque de ruptura

La irresponsable decisión socialista de apoyarse en un conglomerado abiertamente anticonstitucional ha fomentado el desarme del Estado, la confusión de poderes, la colonización de instituciones, los ataques a la judicatura y la manipulación de leyes penales y hasta del proceso legislativo mismo, para beneficiar a sediciosos condenados en firme. España está

pagando muy caro —en moneda de deterioro institucional—
la falta de visión histórica y de sentido de Estado de sus actuales
gobernantes.

Padecemos una suerte de enfermedad política autoinmu-
ne: son los órganos de gobierno los que atacan los fundamentos legitimadores del propio Estado. Se impugna el modelo
constitucional por parte de quienes son los primeros obligados a defenderlo.

La alianza entre los actuales socios de gobierno no es
coyuntural ni forzada sino estratégica, y se basa en una lógica
de continuas concesiones disolventes; la prolongación de esa
lógica abocaría a la transformación radical del modelo constitucional en lo territorial, lo socioeconómico y lo moral.

Esto es algo discernible en los programas, los congresos
y los discursos de todas las formaciones desde el PSOE hacia
la izquierda y está ya incoado en leyes como la de «memoria
democrática», pactada y promulgada de la mano de los herederos políticos del terrorismo.

Memoria y olvido

Durante la tramitación de la ley de «memoria democrática», el
Gobierno aceptó la creación de una comisión para investigar
vulneraciones de derechos humanos posteriores a la aproba-
ción de la Constitución; los socialistas acogían una enmienda
de Bildu según la cual, «las consecuencias del franquismo se
mantuvieron en el tiempo hasta 1983». La mentira histórica
de la perduración del franquismo hasta 1983 es la mercancía
averiada que el Gobierno quiso comprar a los legatarios del

terror. Entre 1978 y 1983, ETA asesinó a más de trescientos inocentes. Nunca cejó en su propósito de desestabilizar la democracia española acusándola de ser una fachada continuista del franquismo.

Ahora, una ley consagra esa alucinación como punto de encuentro del socialismo revisionista, el populismo de extrema izquierda y los albaceas del terrorismo. Se programa desde el BOE una memoria «oficial» que se parece mucho al olvido de nuestra mejor historia. Recordar la guerra y olvidar la reconciliación: a semejante mutilación histórica se nos invita. Con un agravante: hacerlo del brazo de quienes atacaron sin descanso la consolidación democrática en España. Sumar a Bildu a la construcción de una legitimidad anterior a la Constitución es tanto como querer refundar nuestra democracia. Y, antes que eso, refundar el PSOE.

Paradójicamente, esta memoria decretada olvida demasiadas cosas y pide el olvido de muchas más. Olvida la declaración unánime del Congreso de los Diputados, el 20 de noviembre de 2002, condenando «la represión de la dictadura franquista» y reconociendo los derechos de los exiliados. Olvida que desde el comienzo de la Transición hasta 2005, se dedicó un total de 16.356 millones de euros a resarcir los efectos económicos de la Guerra Civil en el bando republicano, mediante pensiones o indemnizaciones que habían alcanzado hasta esa fecha a un total de 574.000 personas; que todo esto lo reconocía en 2006 un informe del Gobierno socialista de entonces, concluyendo que la voluntad de las fuerzas políticas democráticas en procurar la reparación había sido «inequívoca y constante desde la Transición hasta nuestros días». Olvida las iniciativas de reparación dictadas desde 1978 y con anterioridad a la primera ley de 2007, numerosísimas, referidas al reconocimiento de militares republicanos, mutilados, cesión de bienes del patrimonio sindical incautado, indemnizaciones a presos, etc.

La construcción de una memoria mutilada ha terminado siendo para la izquierda un falso recuerdo. La Transición no olvidó el pasado. El recuerdo de la guerra evitó tropezar por segunda vez en el mismo siglo. La amnistía de 1977 fue el olvido de los motivos para la venganza; no el olvido del pasado ni de las víctimas de la guerra. No hubo ni debe haber impedimento alguno para que los descendientes y familiares de los españoles asesinados en los dos bandos recuperen los restos de sus deudos. Ni para que, en esa tarea, puedan contar con el apoyo económico del Estado.

Pero la ley de «memoria democrática», en la voluntad de sus promotores, no viene a reparar derechos conculcados. Viene a «reparar el pasado», a reescribirlo tal y como debiera haber sucedido en su imaginario. Es un dislate. En España no deberían abrirse fosas si es para hacer de ellas trincheras en vez de tumbas. Ni puede abogarse por hacer imprescriptibles los delitos de un franquismo estirado hasta 1983 mientras más de trescientos asesinatos terroristas se arrojan a la prescripción. Es un inconcebible retroceso democrático que por primera vez en democracia se contemple en un texto legal la valoración diversa de las víctimas de la Guerra Civil según su bando.

Entre tantos olvidos de la memoria revisionista sobresale uno. Al recuerdo mutilado de la guerra lo acompaña, como su sombra, un olvido espeso del significado histórico del terrorismo etarra. Recordemos: culminada la Transición, decretada la amnistía y promulgada la Constitución, la única amenaza para la consolidación democrática fue, exclusivamente, ETA. Su campaña afectó con mucha mayor virulencia y durante más tiempo a la España democrática que a la dictadura.

En 1936 naufragó la concordia entre españoles. De 1936 a 1939 se dedicaron a matarse entre sí. En 1939 concluyó esa pugna de la forma que Julián Marías resumió en seis palabras: «Los justamente vencidos; los injustamente vencedores». Desde entonces y hasta 1975 los vencedores quisieron asentar la convivencia política en su victoria. De 1975 a 1977 decidimos fraguar un cimiento mejor: la reconciliación, ratificada en la amnistía de ese año. A partir de ese momento, la mención de bandos resulta anacrónica para referirse a sucesos contemporáneos. Los españoles tomaron España en sus manos y ratificaron en 1978 el pacto de su convivencia democrática en paz y libertad bajo la forma de una monarquía parlamentaria. Desde entonces, no tuvieron más que un enemigo contumaz: una banda terrorista que dejó tras sí el rastro de más de ochocientas víctimas. Asesinadas por la libertad de todos. Ellas, no otras, y por tal razón, son las víctimas referenciales de la democracia española.

Mientras un 60 por ciento de jóvenes españoles no sepa quién fue Miguel Ángel Blanco ni por qué murió, el intento de manipular la memoria colectiva dosificando recuerdo y olvido será una mixtificación singularmente ofensiva. Urge que un nuevo Gobierno asuma el compromiso de garantizar la concordia entre españoles en una triple dimensión: devolviendo la historia a los historiadores; reparando lo que en justicia corresponda; y borrando, hasta la última coma, toda huella legislativa rubricada por los cómplices de quienes ensuciaron con sus crímenes las páginas de nuestro pasado más reciente.

La fragmentación partidista como espoleta

Fractura territorial, fractura de nuestra memoria colectiva. Las grietas en nuestra cohesión nacional ¿son espontáneas o inducidas? Cabe preguntarse, con intención reparadora, si esas fallas son producto de controversias nacidas en el seno de la sociedad que los partidos recogen luego, o si más bien son productos prefabricados por puro cálculo electoral; para segmentar el electorado, atribular al rival y cohesionar a los propios.

Creo sinceramente que estamos ante esta segunda hipótesis. Y creo también que cuando el PSOE renunció a su vocación mayoritaria y decidió liderar un sumatorio de minorías radicales, contrajo una enorme responsabilidad, como principal promotor de la polarización y artífice del estrechamiento de la centralidad política en España.

Es una experiencia histórica reiterada que la atomización partidista termina siempre por amenazar la propia democracia. En España, los partidos que eclosionaron en 2015 venían a «regenerar» un sistema «excluyente». El sistema, sin embargo, demostró que podía incorporarlos, pero al precio de descompensarse. Además, regeneraron poco: Ciudadanos fracasó como bisagra dirimente que ahorrase presión nacionalista, Podemos solo quiso demoler, y Vox sigue alimentando la táctica polarizadora del sanchismo sin más fruto que la dispersión del voto conservador.

La estabilización del sistema político exige recuperar un esquema simplificado en la oferta: creo que se debe caminar hacia la consolidación de una derecha y una izquierda constitucionales capaces de converger en un espacio central. Esto debe propiciarse sin pasteleos (en una democracia pluralista debe haber debate auténtico y posibilidad real de optar) ni descuidando la sinceridad en el terreno de la necesaria coincidencia (el terreno nacional y constitucional). Es ahí donde se tiene que propiciar el «reencuentro» y la «desinflamación».

Hoy por hoy, sé que expreso un deseo poco practicable. Pero debería ser un objetivo nacional a medio plazo, porque España necesita garantías para afrontar un desafío de fondo. La actuación desleal del secesionismo ha puesto en peligro todo un acervo de casi medio siglo de historia constitucional. Llegados a un determinado punto, si se considerase que el pacto constitucional hubiera sido destruido por esa deslealtad, todos deberíamos regresar a la casilla de salida. De abrirse un proceso de reforma constitucional, no debería partirse del *statu quo* actual para ver de qué manera seguir cediendo al secesionismo; debería partirse de cero para dejar de ceder.

En cualquier caso, la Constitución no debe ser moneda de cambio. Si en algún momento hubiera que reformar nuestro modelo, que sea para reafirmar los principios de la España constitucional, no para liquidarlos. Que sea para reafirmar la igualdad de todos los españoles, no para consagrar su definitiva desigualdad. Que sea para reafirmar la libertad de todos y cada uno frente a los chantajes, las imposiciones y las exclusiones, no para someternos a ellos. Que sea para reafirmar la solidaridad entre españoles, para que nadie quede al margen del progreso y de las oportunidades, no para dividirnos en ciudadanos de primera y de segunda.

Anatomía del *sanchismo*

Empeñados en gobernar tras ser derrotados en las elecciones de 2023, los socialistas son los promotores de una legislatura caracterizada por la parálisis legislativa y presupuestaria. No podía ser de otro modo, cuando se vincula la estabilidad política al fuego cruzado de compromisos de investidura cuasiclandestinos, que regalan una posición dirimente a minorías hostiles a la nación, que por lo mismo, son incapaces de albergar una mínima idea de bien común español.

El rumbo político de España en el periodo 2018-2023 no fue decidido por los españoles; cada viraje gubernamental se producía en contra de lo anunciado, porque el verdadero «poder en la sombra», el secesionismo, decidía iniciativas legislativas para garantizarse impunidad, condicionaba presupuestos y deformaba códigos. En julio de 2023 los españoles no votaron la continuidad de todo eso. Los ciudadanos eligieron, como primera fuerza, al PP, que precisamente denunciaba esos excesos. Y, a distancia, votaron a un PSOE que no llevó en su programa electoral —ni mencionó en campaña— una sola de las cuestiones que luego, desde el poder, han copado su agenda: amnistía, nueva ronda de concesiones a los secesionistas… Un *frankenstein* ampliado, como mayoría gobernante, va desmontando el Estado y diluyendo la nación.

Si Pedro Sánchez se consideró vencedor la misma noche de las elecciones de 2023, proclamando aquello de «somos más», es porque desde el primer momento hizo sus cálculos considerando al PSOE como una cantidad homogénea no solo con el populismo de extrema izquierda, sino también con el secesionismo golpista, con Bildu y con Puigdemont.

Esa circunstancia no puede ser nunca un pensamiento íntimo que se oculta al elector. No sirve decir que se alcanzarán acuerdos «dentro de la Constitución», cuando se negocia desde premisas anticonstitucionales; y eso es lo que hizo Pedro Sánchez para obtener su última investidura y para mantenerse en el poder.

Discutir si en España hay una, dos, tres o más naciones, en función de que al PSOE le hagan falta uno, dos o tres apoyos nacionalistas (y los necesita todos); o cuál deba ser la nueva planta territorial del Estado para los próximos diez o veinte años; o si a cambio de una investidura, el Estado debe condonar deuda territorializada y fragmentar la financiación autonómica privilegiando a sus socios... Son, todas ellas, cuestiones documentadas como ejes de negociación y absolutamente improcedentes para investir al presidente del Gobierno de un Estado ya constituido. Los acuerdos de investidura y de legislatura suscritos por el PSOE con Junts, ERC y el PNV en 2023-2024 determinan un hecho inédito y un precedente vergonzoso. De los acuerdos alcanzados con EH Bildu no se conoce la letra, pero basta contemplar los resultados para dirigir a sus firmantes las palabras de Azaña: «Permítame que me sonroje en su lugar».

Mientras la gobernabilidad en España sea cuestión de ir saciando la voracidad de los socios del Gobierno, se podrán girar cheques a cuenta de terceros: los contribuyentes, los territorios de color popular o, directamente, a cuenta de la dignidad nacional. El tinglado quedará comprometido cuando se pongan en juego los vetos cruzados entre socios. Por eso se anuncia, sin ningún rubor, el propósito de gobernar una democracia parlamentaria de espaldas al Parlamento.

El sanchismo es una expresión abrumadoramente sectaria de confusión total entre partido, Gobierno y Estado. La degradación institucional a que ha dado lugar se agudiza, además, con una práctica corrosiva hecha costumbre. Desde 2018 se prorrogan presupuestos como si tal cosa, y contra el mandato constitucional, porque ni siquiera se presenta un proyecto a las Cámaras. Sánchez empezó prorrogando unas cuentas populares pocos meses después de haber denunciado esa práctica como propia de ejecutivos inermes. Luego, los intereses electorales de ERC y Junts han dejado sin presupuestos al Estado durante años. No parece importar, mientras no se le deje a Sánchez sin el BOE.

La contaminación populista

Arbitrariedad tras arbitrariedad, el Gobierno va completando una obra demoledora en provecho propio y de sus socios. Las urgencias de un Ejecutivo en manos de enemigos del Estado han propiciado una interpretación aberrante del juego democrático. De pura raigambre populista, esta lectura de la democracia prescinde de cautelas liberales, órganos contramayoritarios y garantías constitucionales para proclamar el derecho irrestricto de la mitad más uno a imponer su criterio como manifestación soberana de voluntad popular.

La posición de la Sala Segunda del Tribunal Supremo en la aplicación de la amnistía y la actitud de operadores jurídicos y asociaciones profesionales delatan, por contraste, el servilismo de las instituciones que el sanchismo ha logrado colonizar. La bochornosa situación en que se encuentra el fiscal general del Estado no tiene precedentes.

El acuerdo con Junts como remate de las negociaciones para la investidura de Pedro Sánchez alumbró una legislatura que ha estado desde el principio en las manos de Puigdemont; basta recordar los términos de su último párrafo: «La estabilidad de la legislatura, sujeta a los avances y cumplimiento de los acuerdos…». El PSOE ha querido hacer de un prófugo de la justicia, de un sedicioso y un malversador, el dueño de la estabilidad política del Estado.

La desafección ciudadana, la degeneración institucional, la polarización inducida deben ser atajadas. Alguien que concibe gobernar como «durar» o «resistir» no necesita más programa y horizonte que una sucesión de prórrogas obtenidas a costa del capital político y financiero de la nación, convertida en mercancía intercambiable.

Ese depósito ha ido mermándose hasta niveles críticos. El Gobierno ya no oculta el uso instrumental de instituciones clave, con desprecio de su autonomía orgánica. Tampoco tiene empacho en denunciar una suerte de «complot judicial», haciendo suyo el marco conceptual populista que acuñó el término *lawfare*. Y, además, practica un populismo de cosecha propia cuando habla de «máquina del fango» para amenazar al periodismo crítico.

Toda esta dinámica, en el fondo, viene a concretar una predicción formulada por quien hace años fue ministro de Justicia en el segundo gabinete de Sánchez. Contestando una pregunta en el Congreso, el ministro Campo —hoy magistrado del Tribunal Constitucional— afirmó que nos encontrábamos en una «crisis constituyente». Una crisis constituyente es una crisis política que afecta a la vigencia y continuidad de la Constitución y sus elementos esenciales. Y lo cierto es que la confluencia del nacionalismo y la izquierda es una confluencia destructiva, porque su eventual programa de gobierno solo puede consistir en materializar esa crisis.

Hace tiempo que resulta evidente la intención de deconstruir el sistema constitucional alumbrado en 1978, minando su legitimidad y recuperando el discurso de la ruptura para caracterizar la democracia española como algo incompleto, si no fraudulento. Una tesis de circulación casi clandestina durante la Transición se ha abierto paso hasta el Consejo de Ministros, desde donde también se oyen discursos antisistema contra la Corona y el Poder Judicial. Discursos que no se quedan en palabras: se han escrito con fuerza legal, desprotegiendo penalmente la Constitución, al derogarse la sedición y promulgarse una amnistía para los golpistas de 2017. No es ninguna hipérbole. Si alzarse desde el poder autonómico contra la Constitución, el estatuto, las sentencias de los tribunales y el reglamento parlamentario no merece reproche penal y ni siquiera es delito, será porque no existe ya bien jurídico que proteger: en la operación de la amnistía, el orden constitucional da conjunto vacío.

Romper el «muro», apuntalar el recinto

El inmenso lío en que se ha metido al país solo podía organizarse excluyendo por principio al Partido Popular. El precio de esa exclusión siempre será alto. Obliga no solo a hacer concesiones a un nacionalismo ya francamente rupturista, sino a asumir como propias sus pretensiones. La alternativa al PP era y es un programa sostenido mediante el aislamiento permanente de media España. Ese es el «muro» al que Sánchez aludió en su discurso de investidura.

Frente a todo ello, lo que el país reclama con urgencia es dar continuidad al mejor logro de los españoles; fortalecer lo que nos une y a España como proyecto nacional de éxito. Tarea que incumbe, protagónicamente, al Partido Popular en tanto que única alternativa viable. Alternativa de gobierno, no alternativa de sistema. Porque la democracia española, que tiene su origen en la Transición, queda fuera del juego electoral; está antes y por encima, haciéndolo posible. Por eso sostengo que los que cuestionan el pacto de 1978 no significan una alternativa real, sino la cancelación de toda alternativa.

Es urgente hacer reconocible un proyecto nacional. El Partido Popular acertará al asumir la defensa del interés general de todos los españoles. El proyecto que presente para suscitar su adhesión ha de elaborarse sobre los valores fundamentales que comparten y reclaman: la unidad, la soberanía nacional, la igualdad, el respeto riguroso por los principios de la democracia y sus derechos y libertades, la defensa de la legalidad... Es decir, todo aquello que forja el consenso básico de la sociedad española, la base sobre la que se asienta nuestra convivencia.

El PP es el partido que mejor puede hacerlo, porque —así lo creo— es el que mejor representa el valor de la moderación política, rectamente entendida. En ese sentido, a derecha y a izquierda del PP, dentro y fuera de la órbita de adhesión a los valores constitucionales, hay formaciones que albergan expectativas de reforma parcial, reforma total o de voladura más o menos controlada; para todas ellas, la Constitución es un menú a la carta y, para algunas, un aperitivo. Solo el PP expresa y sostiene una adhesión íntegra al texto constitucional, a la Constitución entera. Porque defiende simultáneamente los tres principios que identifican y hacen reconocible el núcleo de la Constitución Española. Sostiene con énfasis igual el principio de unidad, el de autonomía y el de solidaridad.

Eso hace que las maniobras que buscan su exclusión alejen el sistema de partidos del centro de gravedad constitucional que es su punto de equilibrio. Es un partido autonómico, por implantación; pero también es un partido autonomista, por convicción. La misma convicción con que defiende su idea de España, que es, ni más ni menos, la constitucional. La Constitución es un edificio que nos alberga a todos. Como todo edificio, sus paredes y tabiquería interior lo configuran, haciéndolo ser lo que es. Puede reformarse, pero reformar una casa no es lo mismo que cambiar de domicilio después de vandalizarlo.

Concordia sin acuerdo

Construir una alternativa sólida en torno al Partido Popular y otorgarle un mandato claro me parece el camino más corto para revertir el destrozo al que me vengo refiriendo. Donde se ha estado alimentando la confrontación entre españoles, habrá que apelar al patriotismo para integrarlos, poniendo en primer plano lo que los une e invitándolos a compartir objetivos auténticamente nacionales.

Esos objetivos me parecen evidentes: hay que robustecer y garantizar nuestro Estado de derecho; hay que defender el orden constitucional frente a amenazas explícitas y anunciadas; hay que fortalecer los fundamentos de nuestro sistema productivo; hay que garantizar la viabilidad financiera del Estado del bienestar; hay que retomar proyectos de calado nacional: planes hidrológicos y saneamiento de infraestructuras; hay que enfrentar grandes retos de futuro en el campo demográfico, educativo, tecnológico. Hay que devolver al ejercicio de la política la seriedad de los compromisos asumidos con convicción y de las obligaciones que impone el patriotismo.

Es hora de restaurar el valor de la confianza en la esfera pública, en todas sus dimensiones: confianza de los españoles entre sí, por encima de opciones partidarias; confianza del Gobierno en la sociedad, porque gobernarla no es suplantarla; y confianza de la sociedad en sus instituciones, porque son de todos y permanecen mientras se relevan los que en cada momento las ocupan.

No se trata simplemente de reemplazar a este Gobierno. Se trata de derogar la mentira para restaurar la confianza. Derrotar la división para recuperar la unidad. Restañar heridas para fortalecer la convivencia nacional. No se trata de hacer lo mismo que el sanchismo, pero al revés; hay que hacer lo contrario del sanchismo. Donde este busca alimentar la confrontación entre bloques, apelar al sentido nacional.

Para acometer esa obra, de dimensión verdaderamente histórica, creo que el PP debe apelar a todo el mundo; su convocatoria debe ser tan amplia, a derecha e izquierda, como nacional el mandato que recabe de las urnas cuando se dé voz a los españoles.

Pero también creo que solo será posible materializar la alternativa concentrando los sufragios en una sola candidatura, la popular.

Primero, porque no me parece cierta la idea que presenta a Vox como aval en un eventual Gobierno de coalición. La palabra y los actos propios deben ser suficiente garantía. El PP debe aspirar a gobernar en solitario no porque le amedrenten las diatribas del PSOE. Los socialistas carecen de autoridad moral para denunciar ninguna política de pactos tras gobernar en coalición con el populismo de extrema izquierda y apoyados en una mayoría parlamentaria de comunistas, separatistas, golpistas y herederos políticos del terrorismo. Solo caben cordones sanitarios con quienes ponen en peligro la convivencia democrática, y eso es cosa de terroristas, golpistas y secesionistas insurreccionales. No hay simetría entre Bildu y Vox que valga.

Lo que ocurre es que existen tanto motivos de eficacia electoral como razones políticas de fondo para postular una alternativa concretada en un Gobierno popular sin añadido populista. Las razones de matemática electoral no hay que ir a buscarlas más lejos del sistema D'Hont y de una experiencia reciente: la del año 2023. Las otras, que me parecen las decisivas, tienen que ver con lo apuntado más arriba: derogar el sanchismo no es practicarlo en sentido inverso, sino llevarle la contraria; es decir, abandonar la lógica de la polarización. Y eso solo podrá hacerlo un partido con un proyecto y un programa específicamente dirigidos a recabar ese mandato.

Aquí vuelvo al principio de este capítulo. Mencioné que vivimos un tiempo no solo de polarización, sino, además, de fragmentación social. Sentimos que la idea misma de unidad política nos elude porque hemos olvidado lo que significa; hemos perdido de vista lo que implica la unidad en una sociedad libre y compleja.

Nuestra tradición política, la occidental, y sus instituciones, podrían enseñarnos a recuperar ese sentido de unidad, si se lo permitimos. Hay una idea profunda y práctica de unidad implícita en el constitucionalismo histórico, el que arranca de la Revolución estadounidense: en una sociedad libre y, por lo tanto, diversa, la unidad no significa pensar igual; la unidad significa actuar juntos. Un sistema constitucional equilibrado debe inducir la competencia y la negociación entre opciones divergentes e impulsarlas para que obren en común.

Ese tipo de acción no siempre es cordial. Es polémico, arduo y conflictivo. Requiere tratar con personas con las que no estamos de acuerdo, y eso puede ser lento y desagradable. Está dirigida a encontrar acomodaciones mutuamente aceptables; reconociendo que no estamos de acuerdo, pero que, juntos, pertenecemos a algo de mayor peso que nuestras divergencias.

El populismo es nocivo para la unidad porque descarta la disposición compleja de cualquier sistema institucional como antidemocrática. Frente al discurso populista, la mecánica constitucional es más sensible a los peligros de la división social y también más eficaz para contrarrestarlos. Separación de poderes, frenos y contrapesos, jurisdicción constitucional, las instituciones propias de esa mecánica buscan atenuar el funcionamiento irrestricto del puro principio mayoritario.

Debemos recordar, cuanto antes, que la verdadera solidaridad no requiere unanimidad, sino una cultura política de negociación y compromiso; lo repito: actuar juntos sin necesidad de pensar lo mismo. Únicamente albergados por

un entramado institucional sólido que permita, en palabras
de Julián Marías, «la concordia sin acuerdo», podremos —nosotros, los españoles— seguir siendo libres sin dejar de estar
unidos.

7

RAÍCES Y FRUTOS DE LA LIBERTAD

En relativamente poco tiempo —el lapso de una generación—, hemos pasado de un clima en que los temas de fondo eran el «crepúsculo de las ideologías», el «fin de la historia» y el fin de la política misma —reducida a «gobernanza»—, a otro ambiente de repertorio muy distinto, dominado por motivos como la «polarización», el «populismo» y la radicalización ideológica. Una sucesión de crisis económicas y convulsiones sociales preside este primer cuarto de siglo y explica, en parte, el aumento de la temperatura en el termómetro político.

Dedico este último capítulo a las ideas porque estoy convencido de que, como tituló Richard M. Weaver, «tienen consecuencias». Sobre todo, en las encrucijadas históricas, cuando la incertidumbre y la falta de perspectiva nublan nuestro sentido de la orientación.

Las ideas importan, pero las ideologías engañan. Empleo el término en el sentido al que se refería Jean-François Revel al definir la ideología como «lo que piensa por ti». Muchas ideologías contemporáneas son apenas poco más que depósitos de ideas dislocadas por llevar demasiado lejos algún principio. La ideología funciona como sucedáneo religioso en que oficia el ideólogo, el tipo de fanático que Jacob Burckhardt llamó «terrible simplificador». Comunismo y fascismo han sido ideologías poderosas y dañinas; pero el atractivo simplista de las consignas ideológicas sigue amenazando los órdenes sociales de nuestro tiempo.

Conviene distinguir entre ideología e ideario. Porque todo pensamiento político se basa en una determinada cosmovisión, en un planteamiento abstracto que proporciona un marco estable para comprender y manejar las cuestiones prácticas que la realidad suscita a cada paso.

En el primer capítulo definí mi visión política como «liberal-conservadora» y eso quiere decir que apuesto por el orden y la libertad, entendidos de una forma concreta. Preservar el orden y promover la libertad son los objetivos prioritarios de esa posición. Creo que el orden sin la libertad es garantía de despotismo y decadencia; la libertad sin el orden, prólogo de una desintegración condenada a liquidarse autoritariamente: la libertad anárquica es siempre una libertad suicida.

Hablaré de orden y libertad sin propósito doctrinal alguno, fuera de lugar en estas páginas. Sencillamente, ordenando experiencias y lecturas.

El orden y las raíces de la libertad

En nuestro vocabulario político el término «orden» tiene mala prensa. Evoca actitudes autoritarias, ranciedad e intolerancia.

Sin embargo, toda sociedad se mantiene unida por algún tipo de «orden»; así que importa discernir su carácter y naturaleza, dado que nunca se puede prescindir de él.

Imaginemos a un hombre viajando a través de la noche, sin guía, pensando continuamente en la dirección que desea tomar. Esa es la imagen del ser humano en busca del orden, según Simone Weil: «El camino de un viajero así está iluminado por una gran esperanza». El orden es la ruta que seguimos, o el patrón por el cual tratamos de dotar a nuestra vida de propósito y significado. La condición humana es insufrible a menos que percibamos una armonía en la existencia. Hasta el punto de que, para Weil, «el orden es la primera necesidad del alma humana».

Simone Weil pensaba en el orden moral, pero también en el orden social del mundo moderno. Su libro *El arraigo* incluye un «Preludio a una declaración de deberes para con los seres humanos». Lo escribió exiliada de la Francia ocupada; proponiéndose estudiar cómo los franceses, una vez liberados del yugo nazi, podrían encontrar de nuevo las raíces de un orden y vivir juntos en paz y justicia. Simone Weil tuvo poco de reaccionaria. Conoció muy de cerca la tribulación espiritual y el desorden social. Durante nuestra Guerra Civil, en 1936, pasó varias semanas con la Columna Durruti, en Cataluña: una experiencia traumática que la acompañó hasta su muerte.

Al igual que muchos otros conceptos, tal vez la palabra «orden» se entienda mejor definiéndola negativamente; recordando su opuesto, el «desorden». Cuando una sociedad cae en una situación de desorden generalizado, queda amenazada la existencia misma de sus miembros. Si el desorden es moral, interno, el orden externo —el «orden público»— no durará mucho.

También en lo social el orden es nuestra «primera necesidad» si queremos vivir en paz. La buena sociedad se caracteriza por un alto grado de orden, justicia y libertad. Sin un orden tolerable que dicte la ley, la justicia no puede imponerse, ni la libertad puede sustituir a la violencia. Esto lo saben bien las personas que han vivido situaciones extremas o conflictos violentos. El primer derecho que se debe garantizar es el de no ser asesinado en una esquina. La Constitución soviética de 1936 incluía un amplio catálogo de «derechos sociales»; pero el orden soviético sobre el que se asentaba hacía de cada ciudadano un sospechoso y de su vida un albur en manos de la Checa.

Hay quien dice que nuestros tiempos se asemejan a los últimos años de la República romana. A medida que el desorden crecía, Cicerón examinaba las causas de la confusión pública y privada. «Mucho antes de nuestro tiempo —escribió en su tratado *La República*—, las costumbres de nuestros antepasados moldearon hombres admirables, y a su vez esos hombres eminentes mantuvieron las costumbres e instituciones de sus antepasados. Nuestra época, no obstante, heredó la República como si fuera un hermoso cuadro envejecido, cuyos colores se desvanecían por su gran vetustez; y no solo nuestro tiempo ha descuidado refrescar los colores del cuadro, sino que hemos fracasado no pudiendo conservar su forma y contornos». «Refrescar los colores del cuadro» me parece todo un programa, y es lo que trataré de hacer en este capítulo. Abordaré las experiencias sociales y las ideas que concurrieron para formar un patrón de orden interno y externo que aún perdura. De nuestro conocimiento acerca de sus raíces puede depender el tipo de orden que tendrá el mundo dentro de no muchos años. Podrá ser el orden del mundo feliz de Huxley, ahíto y deshumanizado; podrá ser un termitero controlado por una ideología feroz, como en *1984*, de Orwell; o podrá ser un orden nuevo y mejor, pero vinculado de forma reconocible con el que nació y floreció en Atenas, Roma y Jerusalén. Un tipo superior de orden, que protege la libertad y declara la dignidad de la persona.

Disputar la libertad

Hablar de libertad en abstracto siempre resulta difícil y arriesgado. ¿Quién no se reclama partidario y amigo de la libertad? ¿Qué discurso político renuncia a su potencial movilizador?

Recordaré aquí una anécdota de Sagasta. Tenían lugar unas elecciones y concurría en Madrid una candidatura «católica». Don Práxedes votaba cerca de su casa, en un colegio instalado en el Monte de Piedad. Cuando llegó, todo el mundo se apartó dejándole paso, pero un joven, yendo hacia él con una papeleta en la mano, le dijo:

—Don Práxedes, ¿quiere usted la candidatura católica?

Sagasta, sin perder su afable sonrisa ni detenerse, le contestó, mientras entraba a votar:

—¡Hijo, si aquí todos somos católicos!

Quienes vivimos en democracias liberales, sin impugnar el modelo, somos todos, en cierto sentido, «liberales». Es verdad que el populismo desafía ese consenso, pero muy pocas veces formula una recusación frontal y explícita del modelo.

Descontados los enemigos declarados de la democracia liberal, la distribución de la oferta política se hace hoy según claves algo distintas de las que, hasta hace poco, bastaban para identificar con precisión a quien se dijera liberal. En las condiciones actuales, hay que distinguir.

Hoy la izquierda disputa esa etiqueta desde una concepción particular de la libertad, basada en la pretensión de deconstruir todo lo que precede a la elección individual. El «progresismo» reivindica la «liberación» de toda «estructura»; ostenta como programa la derogación de patrimonios históricos y naturales y predica la libertad como un despojarse de ataduras para retornar a un estado exento de vínculos no elegidos individualmente.

Defiendo una posición muy distinta. Soy de los que piensan que la libertad —en el orden social y político— no está al comienzo, sino al final. Es un resultado civilizatorio: tiene más de flor que de raíz. No nacemos libres. Despertamos del sueño de la infancia en un tren que ya está en marcha, en una cierta dirección. No elegimos nuestro lugar de nacimiento, ni la fecha; ni siquiera se nos pidió permiso para traernos al mundo. Somos, radicalmente, criaturas, y estamos obligados a adueñarnos de nuestra propia vida. Animales sociales, nuestra comunidad es condición de supervivencia. Nos proporciona, hasta cierto punto, libertad; más allá de ese punto, la amenaza: por falta de orden o por su exceso.

El disfrute de la libertad no es un logro inmediato; presupone humildad para reconocer y recibir las raíces que la hacen crecer. La libertad se nutre de una herencia cuyo repudio la aniquila. La libertad de pensar, de actuar, de juzgar no son productos espontáneos, sino resultado del paciente trabajo de la cultura. Como Douglas Murray observa en su ensayo *The Madness of Crowds* (en España, *La masa enfurecida*) intentar hacer de los mejores logros del liberalismo su fundamento equivale a destruir el sistema que los hace posibles: «Los productos del sistema no pueden reproducir la estabilidad del sistema que los produjo».

El orden propicio a la libertad

En mi familia política suelen distinguirse tres corrientes: conservadores, liberales y democristianos. Creo que su reunión produce algo más que un simple conglomerado. Y me parece que la idea de un orden propicio a la libertad es la que cuadra mejor al conjunto. Daré algunos apuntes muy sumarios de lo que, a mi juicio, puede entenderse por orden propicio a la libertad en distintos ámbitos de la acción política: económico, social, medioambiental e institucional.

Si tuviera que resumir el orden económico en una palabra, diría «equilibrio». Equilibrio presupuestario en primer lugar, con determinación inquebrantable de reducir el déficit y la deuda, condición necesaria para el retorno de la confianza y, por tanto, de un crecimiento sólido. Equilibrio comercial: en el caso de España, necesitamos restablecer nuestra competitividad a la luz de un déficit comercial del que se habla poco; es una cuestión que atañe a los costes laborales, y a nuestra capacidad de formación, investigación e innovación. Equilibrio fiscal: se trata de hacer que las cargas públicas correspondan a lo estrictamente necesario y que se distribuyan en función de las posibilidades de cada uno. Aquí hay que denunciar la falsedad socialista sobre la relativa baja presión fiscal española en relación con la media europea y la deliberada confusión entre «presión fiscal» y «esfuerzo fiscal».

Si tuviera que resumir el orden social con una sola palabra, diría «estabilidad». En lo jurídico, esto significa que las leyes civiles deben ser modificadas con mucho cuidado. Sin enrocarse en posturas inmovilistas, los políticos tienen el deber de resistirse a ciertas modas o presiones sectoriales. La estabilidad de la familia contribuye decisivamente a un orden social que me parece deseable. El Estado y la política deben proporcionar un marco propicio para ella. Una institución familiar *en forma* es esencial para que el resto de la sociedad funcione. La tendencia actual, por el contrario, pretende trasladar las responsabilidades de la familia al Estado.

La estabilidad en la composición de la sociedad plantea inevitablemente la cuestión de la inmigración. Entre la defensa de la «inmigración cero» y la promoción de un país sin fronteras, existe una forma realista de controlar los flujos migratorios fomentando la integración. En otra parte he usado, al tratar esta materia, una metáfora biológica; una sociedad es como una célula: sin membrana, muere, y sin intercambio con el mundo exterior, también.

Si tuviera que resumir el orden medioambiental con una palabra, diría «sobriedad». Sobriedad en el consumo de los recursos agotables del planeta, ya sean combustibles fósiles, metales o tierras raras. Sobriedad en el consumo de los recursos naturales que necesitan tiempo para renovarse, ya sea el agua, los bosques, los suelos o las especies vivas. Sobriedad, por último, en el uso de técnicas contaminantes que ponen en peligro el medio ambiente, a escala local o global. La defensa de este orden medioambiental debe ser parte integrante del proyecto político de la derecha. No está escrito que la ecología deba ubicarse a la izquierda del espectro político.

Si tuviera que resumir el orden institucional en una palabra, diría «subsidiariedad». De hecho, antes de promover ninguna iniciativa política, es necesario definir con precisión quién hace qué. Subsidiariedad entre el Estado y la sociedad y entre la Administración central y los entes territoriales, con un claro reparto de competencias que evite cuidadosamente duplicidades, ineficiencias y deslealtades.

Orden y libertad. La vida política debe organizarse para impedir por igual los extremos viciosos de la anarquía y el despotismo. Sin confiar ese equilibrio a exhortaciones morales, sino a instituciones jurídicas bien diseñadas. Esta idea fue vigorosamente expresada por uno de los clásicos del pensamiento liberal-conservador español del siglo XIX, Joaquín Francisco Pacheco, maestro de Cánovas y líder del grupo puritano. Ante la Real Academia Española, en el año 1853, y comentando las exageradas doctrinas de Donoso Cortés, dijo Pacheco:

> Es imposible la sociedad humana sin una autoridad que la gobierne y sin una garantía que la defienda... Estimó (Donoso) al liberalismo como un accidente de nuestra edad, no mirando sino a su forma; olvidó que su esencia es de todos los tiempos, de todas las sociedades, necesaria mientras ellas subsistan, ingénita en la naturaleza humana... La autoridad y la garantía, la disciplina y el examen, el mandato y la discusión, el poder y sus limitaciones: todo ello constituye dos órdenes paralelos

y de una relación necesaria en la esencia de los diversos Estados del mundo.

Ahora que tantos comparten el vaticinio de Donoso sobre el liberalismo, por mi parte no dudo en secundar estas afirmaciones de Pacheco.

Marco político de la libertad

He dicho que la libertad es un resultado, que «está al final». Para ser viable necesita un marco político. En Occidente, nuestras instituciones políticas son herederas de una tradición específica. Su peculiaridad consiste en hablar el idioma de la libertad individual. Los individuos disfrutan de libertad para tomar sus propias decisiones a condición de asumir las consecuencias.

En las sociedades libres, sus habitantes persiguen sus propios proyectos con la esperanza de beneficiarse de ellos. En el espacio de la sociedad civil, los seres humanos desenvuelven su vida familiar, sus intereses artísticos, sus proyectos personales.

La primera formulación moderna del concepto de libertad es la que se refiere a la ausencia de coacción arbitraria por parte de un tercero. Es la idea de que la coerción del Estado solo puede minimizarse si se ejerce sin arbitrariedad, de acuerdo con unas reglas generales conocidas de antemano que constituyen la ley. De aquí proceden las nociones de imperio de la ley y Estado de derecho.

La libertad, desde ese punto de vista, es el derecho a hacer todo lo que las leyes permiten. Si un ciudadano pudiera hacer lo que prohíben, no habría más libertad, porque los demás tendrían también el mismo poder. Somos libres porque vivimos bajo leyes civiles.

Libertad sin atajos: el *camino largo*

El pluralismo político, encuadrado en marcos constitucionales, implica visiones distintas del significado de la libertad. Es clásica la distinción entre libertad negativa y positiva. La primera me deja libre de constricciones en un mundo en el que tal vez pueda hacer pocas cosas por carecer de los recursos necesarios con que emplear mis libres facultades; la segunda atiende a esa carencia hasta el punto de confundirse con la idea misma de poder. Ambas son, hasta cierto punto, conciliables. Pero subsistirá siempre una diferencia de énfasis entre quienes entienden la libertad como ausencia de impedimentos y los que la entienden como presencia de poderes y facultades.

Otra visión (socialista) reprocha a las anteriores una falta de suficiente atención a las condiciones reales de la libertad positiva. La ausencia de coacción legal no da poder para hacer nada, salvo que el mundo estuviera repleto de recursos. Esos recursos son provistos por el trabajo humano. Así, para ser libres —dirá el socialismo—, debemos sufrir las restricciones necesarias que organicen ese trabajo y aseguren una satisfactoria distribución de su producto. Sin embargo, en mi opinión, poner en práctica esta idea de libertad requiere una masiva interferencia de la libertad de elección y, en el límite, se desemboca en el totalitarismo.

Todas estas son disputas clásicas sobre la libertad. Pero hoy cierto posmodernismo añade otras nuevas que me parecen mucho más desatinadas. El movimiento *woke* es aquí el protagonista. Parte de visiones empobrecidas de la sociedad y de una noción superficial de la persona humana. A su vez, esa idea disminuida del hombre alimenta una idea exagerada de la política y atiza nuestras «guerras culturales».

Estas visiones radicales suelen partir de una premisa equivocada: que la libertad sea desprenderse de toda coerción y restricción, entendiendo cualquier límite a este principio como una barrera artificial e injusta. Eso conduce a consecuencias igualmente erróneas: por ejemplo, pensar que la única misión aceptable de la autoridad política consiste en eliminar esas restricciones.

De todas formas, la libertad más auténtica implica sustraerse no solo a la coerción de los demás, sino también a la tiranía del capricho propio. La libertad responsable emerge cuando queremos hacer lo que debemos hacer, de modo que la ley moral, la ley civil y nuestra propia voluntad estén en cierta medida alineadas. Para ser capaces de ejercer esa libertad y de sostener los valores de una ciudadanía liberal, tenemos que poder asumir esa combinación desafiante. La exención de límites y responsabilidades es un atajo que dice llevarnos a la libertad, pero nos extravía. La formación para ser libres es el camino —largo— hacia ella. El camino largo es un requisito previo para lo que promete el atajo, el camino corto; su preparación necesaria.

El ambiente actual invita a tomar toda clase de atajos para emanciparse y nos impide ver que la libertad liberal existe, en alguna medida, para fomentar el tipo de formación moral que necesitamos y sostener las instituciones surgidas a partir de ella. Libertad religiosa, de asociación, de prensa: todas son libertades diseñadas para proteger nuestras tradiciones de formación y aprendizaje moral.

El edificio institucional que llamamos democracia liberal necesita, para mantenerse en pie, un conjunto de virtudes públicas; entre ellas, no son las menos importantes la responsabilidad y el autocontrol. No obstante, teóricos visionarios pretenden convencernos para optar por un destino adyacente a la libertad: la «liberación». Sus teorías ofrecen verdades envueltas en mentiras: la verdad de que todos somos creados iguales en dignidad envuelta en la falsedad de una sociedad pactada por individuos independientes que deciden unirse; la verdad de que todos merecemos ser libres envuelta en la falsedad de que la libertad es ausencia de moderación.

Recogiendo muchas de esas falacias, la izquierda, cuando habla de «nuevos derechos», en realidad está prometiendo satisfacer apetitos egoístas.

En el supermercado de los derechos

La expansión inmoderada de los llamados derechos socioeconómicos puede afectar a los mecanismos de creación de riqueza; por eso ocurre tantas veces que políticas de redistribución muy intensa acaben colapsando los servicios públicos que deben materializarlas, empobreciendo así a todos los ciudadanos. El infierno, ya sabemos, está «empedrado de buenas intenciones».

La redistribución de rentas, cuando traspasa un punto crítico, no mitiga diferencias entre pobres y ricos, solo redistribuye libertades personales del individuo hacia el Estado. Así lo demostró Bertrand de Jouvenel, en su libro clásico *La ética de la redistribución*.

Nuestras sociedades se están convirtiendo en sociedades de expectativas de derechos, donde todos los ciudadanos se sienten acreedores. La conexión entre derechos y deberes se ha cortado y los derechos ya no son los mismos para todos. El multiculturalismo, el wokismo y las políticas de identidad han erosionado el concepto universal de ciudadanía. La izquierda abandona su tradición republicana para, en nombre de la «diversidad», invitarnos a una *performance* neomedieval: la igualdad ante la ley queda suplantada por un feudalismo de nuevo cuño y la sociedad fragmentada en un mosaico de estatutos jurídicos diferenciados según la raza, la orientación sexual o la confesión religiosa.

Además, los derechos que se reivindican son de contenido material. No garantías de libertad frente a la acción del Estado, sino créditos a contabilizar como partidas de gasto del Estado que, por lo tanto, promueven su expansión. Puede ser justo que sea así a veces; pero también es necesario que lo costoso de esa clase de derechos esté en relación con los recursos que los pagan. No pueden ser ilimitados, salvo que decretemos el «derecho a lo imposible». Como para dotarlos económicamente hay que salvar primero otras partidas —infraestructuras, seguridad, defensa, justicia—, se trampea recurriendo al endeudamiento y precarizando así el futuro de los más jóvenes.

La visión subsidiaria

No podemos negar la satisfacción de ciertas necesidades de seguridad y asistencia y, en general, las prestaciones incluidas en lo que entendemos como «bienestar social», pero puede cuestionarse que el Estado deba ser el único «benefactor». Cuando el Gobierno monopoliza la provisión de asistencia social, la democracia se vuelve dirigista y acaban comprometidos otro tipo de derechos, las libertades clásicas, que son precisamente límites a la expansión del Estado y garantías para el ciudadano. Pero tampoco se trata de elegir entre derechos-libertades y derechos sociales, entre Estado de derecho y estado de bienestar. Los derechos sociales deben ser garantizados, pero no forzosamente distribuidos por el Estado.

La justificación original de los derechos sociales era que materializaban los derechos-libertades: la educación obligatoria concreta la libertad de opinión y expresión, por ejemplo. El problema es su instauración en una sociedad aplanada, en que solo queden Estado e individuo y las instancias intermedias hayan sido laminadas.

Se plantea entonces la necesidad de que la asistencia social, por un lado, sea más selectiva y, por otro, no esté solo en manos del Estado. Apelando al principio de subsidiariedad, que tiene dos sentidos, negativo y positivo. Negativamente, exige que cualquier individuo o grupo social goce del máximo de iniciativa. Positivamente, reclama que la instancia pública garantice un mínimo bienestar en caso de que la libre iniciativa se revele insuficiente. Nadie debe verse privado de los aportes materiales que permitan la concreción de sus derechos (vivienda, salario mínimo, educación). Pero el Estado solo debería garantizar la obtención de estos bienes; no distribuirlos en exclusiva.

La idea de subsidiariedad sugiere la construcción de diques que contengan los desbordes socioeconómicos del Estado, tal y como la Constitución sirve de garantía contra su arbitrariedad política. Es irrelevante contenerlo en el plano institucional mientras se le permite condicionar la vida social y económica. El Estado garante, en aplicación del principio de subsidiariedad, permite el desarrollo de una sociedad civil con la que no se confunde, desde el respeto de las personas y entidades sociales que se limita a gobernar.

El *Estado emprendedor*

Está difundiéndose un discurso que apuesta con decisión por incrementar la intervención estatal; lo hace amparándose en teorías sobre el «Estado-emprendedor» —en fórmula de Mariana Mazzucato— que recuerda poderosamente al viejo «capitalismo de Estado».

Ocurre esto en un momento en que las crisis económicas y el desorden internacional han alimentado una visión simplista de las relaciones entre lo público y lo privado. Se nos bombardea con la idea de que estaríamos comprobando la superioridad del Estado sobre el mercado.

Se busca, además, la confrontación con un liberalismo lo suficientemente desquiciado como para negar al Estado su papel al afrontar calamidades colectivas: una guerra, una pandemia o cualquier catástrofe que supere la capacidad de individuos y empresas. Es decir, un liberalismo que negara al Estado las atribuciones mínimas de cualquier Estado liberal. Todo liberal recuerda que tenemos derechos que nos protegen de aquellos que elegimos para gobernarnos, y que esos derechos son posesiones auténticas solo porque el Estado existe para hacerlos cumplir; si es necesario, para hacerlos cumplir contra sí mismo.

Es un viejo pleito el del papel del Estado y sus límites. Baltasar Gracián, en *El Criticón*, define en dos brevísimas frases la útil misión y también los probables peligros de la fuerza armada. «Estos nos defienden» —dice Quirón a Andrenio al encontrar un soldado—. «¡Dios nos defienda de ellos!» —añade precavido e irónico. Otro tanto se diría del Estado. Nadie puede hacer a los hombres tanto bien. Nadie puede hacerles —y les ha hecho con frecuencia— tanto mal. Unas veces peca por exceso, invadiendo jurisdicciones que no son suyas; otras, quedándose corto e inoperante, cruzándose de brazos ante el ímpetu de los egoísmos humanos.

El poder público debería ser el primer interesado en la existencia de personalidades libres. Ellas son, en definitiva, los componentes primarios de la sociedad, por compleja y desarrollada que sea. Hombres esclavos y sociedad perfecta son términos antagónicos. Personas constreñidas en sus legítimas iniciativas y maniatadas para el ejercicio del pensamiento y de la voluntad no podrán constituir nunca una sociedad progresiva y robusta. Y como el Estado no es sino el poder dirigente de la sociedad, y por tanto el primer interesado en su bienestar y progreso, resulta claro que su fundamental deber es no destruir ni rebajar, sino amparar y favorecer el libre desenvolvimiento de las personalidades individuales, raíz y sustancia de su propia vida. Familias y empresas son focos de vida, que el Estado no debe anular, ni herir ni obstaculizar. Si así lo hace, mina los cimientos de su propia vida, porque no hay suma sin sumandos, ni cuerpo robusto sin miembros sanos.

Objetar lo intrusivo de determinados desarrollos del poder estatal no es cuestionar el Estado. El surgimiento del estado de bienestar fue un resultado más o menos inevitable de la democracia bajo el impacto de la guerra total. Las controversias sobre él no provienen de su aparición, sino de su posterior expansión.

Para una determinada mentalidad izquierdista, el Estado solo existe para repartir el producto social. Todos los bienes, el conjunto de la renta nacional, según esa visión, no se poseen hasta que se redistribuyen. El Estado no sería el custodio y servidor de un orden social preexistente. Sería el administrador de un orden vertical creado por él. Allí donde prevalece esta concepción, el Gobierno aumenta su poder, pero pierde su autoridad.

El discurso de la izquierda abusa de un término que repite mucho, pero explica poco: la palabra «social»; merece una acotación. Es social todo lo que remite a posibilidades ofrecidas por la sociedad, no solo por el Estado, para que cada ciudadano haga valer sus talentos, su libertad y su dignidad. No reconocerlo es reproducir, en la práctica, el error socialista: reducir el campo de la solidaridad al de la redistribución. Y hacerlo, además, cuando ya se tocan los límites de ese tipo de aproximación al problema: déficits, deuda disparada, demografía declinante, topes de la política monetaria expansiva.

El Estado no debe infantilizar a la sociedad sometiéndola a tutela perpetua. Manteniéndola en la irresponsabilidad de la infancia, la expone fatalmente a todos sus caprichos: cuanto más pródigo el Estado, más exigirá el individuo; cuanta mayor sea la tutela estatista, menos capacidad tendrán los asociados de adquirir por sí mismos lo que desean. Todo lo pedirán al Estado, y como dárselo todo será imposible, todo se lo reprocharán al Estado. Buscando por el camino equivocado la cohesión social, podemos toparnos con la quiebra de la paz civil.

El regreso del «capitalismo de Estado»

Desde el colapso del «socialismo real» en 1989, se sigue debatiendo acerca del óptimo de intervención pública en la economía; desaparecido el enemigo totalitario y la planificación central, la libertad económica no quedó, sin embargo, dueña del campo. Vuelven a oírse argumentos favorables a un tipo de intervención que altera el uso de los recursos productivos; a la fijación de objetivos impuestos desde arriba; a la creación de empresas públicas o a la manipulación de precios. Según esta visión, el Estado no debe limitarse a solventar fallos de mercado; debe impulsar la creación y configuración de mercados nuevos. Son argumentos que recuerdan al capitalismo de Estado, la economía de guerra o la planificación indicativa.

Nunca he creído que la expansión del sector público fuera un proceso irreversible. Si así fuera, retrocediendo en la historia, encontraríamos sociedades cada vez menos intervencionistas, al tiempo que nos moveríamos hacia un socialismo total en el futuro. El Egipto faraónico y el Imperio inca no avalan precisamente esa lectura histórica.

Siempre he creído en la capacidad creadora empresarial. Por eso no me convencen los argumentos que recelan del emprendimiento privado para postular la iniciativa estatal. La comprobación de que la acción gubernamental haya creado bienes industriales no demuestra que no haya desplazado recursos que hubiera sido más provechoso ubicar en otras actividades productivas. Una expansión desmedida del sector público, además, provoca efectos perversos. Por ejemplo, sus déficits los acaba pagando el contribuyente: es decir, son las empresas privadas, a las que se dificulta su supervivencia, las que acaban financiando empresas públicas garantizadas de por vida.

Cuando se sigue esa línea de argumentación estatalista, ¿dónde queda la evaluación de los resultados históricos de las nacionalizaciones, allí donde han tenido lugar? Porque resulta obvio que siempre han acabado por distorsionar la asignación de los factores productivos, provocando ineficiencias económicas masivas. En general, el Estado metido a empresario no suele mejorar ni sistematizar los resultados de la industria privada. Los congela, en el mejor de los casos, aprovechando la experiencia obtenida hasta el momento de la nacionalización. Pero resulta incapaz de adaptarse con flexibilidad a entornos dinámicos.

Crecer en libertad

Hasta aquí he hablado acerca de las raíces de la libertad. Acerca del orden: el suelo propicio para su arraigo. Acerca de su marco político: el cuadro institucional necesario para su desarrollo social y político. Ahora hablaré sobre uno de sus frutos: el crecimiento económico. Creo que es un índice muy visible de los beneficios que reporta la libertad; creo, además, que la coyuntura actual reclama defensas desinhibidas de la libertad económica. Pero tengo muy presente, al mismo tiempo, la dimensión cultural y civilizatoria de todo esto. No olvido la advertencia de Tocqueville cuando decía que, si llegase un tiempo en que los hombres se contentasen solo con los bienes materiales, acabarían por perder la capacidad de producirlos.

En el corazón de las instituciones generadoras del predominio occidental es fácil discernir tres libertades, digamos fundacionales: la libertad intelectual, la libertad política y la libertad económica.

La libertad intelectual postula el acceso a la verdad mediante el pluralismo crítico. Cristaliza en instituciones garantes de la libre expresión del pensamiento.

Democracia es el nombre contemporáneo de la libertad política. Las revoluciones liberales pusieron el poder en manos de magistraturas electas y renovables: Gobiernos responsables ante asambleas renovadas periódicamente. La libertad política maduró en el derecho de oposición y la extensión progresiva del sufragio.

Por su parte, la libertad económica mejoró la sociedad al mejorar la condición de los asociados. Los economistas no inventaron, descubrieron el funcionamiento de la economía de mercado. Se advirtió que «la riqueza de las naciones» dependía de cierto nicho institucional: derecho de propiedad, moneda estable, libre comercio. La libertad, regulada por el derecho y los precios, lejos de conducir al caos, mejoraba el orden económico.

El conocimiento científico y la libertad de mercado permitieron a Occidente obtener un beneficio exponencial con respecto a las sociedades tradicionales. El crecimiento demográfico de los tres últimos siglos es expresión elocuente de una revolución cualitativa en la historia humana. Desde 1750, la población mundial ha pasado de 700 a más de 8.000 millones de habitantes. Esa explosión demográfica empieza en Europa. Semejante avance civilizatorio es específicamente occidental. Se basa en el crecimiento en libertad y depende de él.

Hasta la Revolución Industrial, producción, población y consumo totales crecían simultáneamente, pero la producción y el consumo per cápita apenas aumentaban. Tras la Revolución Industrial, la tasa de producción empezó a crecer de tal modo que, a pesar de provocar en la población un crecimiento sin precedentes, condujo también a un aumento dc la producción per cápita. En Occidente aquel aumento, base de su prosperidad, ha continuado hasta hoy.

Esto demuestra palmariamente que cualquier país puede elevarse de la pobreza a la abundancia, a partir de las más primitivas condiciones. Todos los países empezaron siendo pobres. La división del trabajo dentro de su territorio y el intercambio con otros de fuera fueron siempre las etapas que jalonan el camino hacia la prosperidad.

Enemigos del crecimiento

El crecimiento económico no es ningún misterio. Es consecuencia de la acción humana. La humanidad ha reflexionado sobre él, sin embargo, solo durante los tres últimos siglos. Hemos tenido tiempo de aprender algo sobre el tema y lo hemos hecho. Hace mucho, dos grandes economistas nos dieron las explicaciones necesarias, congruentes con la experiencia histórica. Adam Smith, en el siglo XVIII, y Joseph Schumpeter en el XX. Ambos coinciden en esto: cuando las personas tienen la libertad de ocuparse en actividades económicas para mejorar su condición de vida y cuando a los emprendedores se les deja en libertad de innovar, entonces hay crecimiento económico. Cuando esas libertades son restringidas por el Gobierno, se reduce el crecimiento o, simplemente, no tiene lugar.

La verdad de estas ideas la confirma un somero examen histórico. Pero es una verdad que resulta incómoda. Por lo que dice, y por lo que no dice. Porque no dice que el crecimiento económico sea algo generado por el Gobierno. El crecimiento económico no obedece a ninguna planificación, sino a que las personas responden espontáneamente a incentivos. Incentivos siempre presentes; los Gobiernos pueden suprimirlos, pero no crearlos.

Pese a ello, sobreviven tenazmente, incluso tras la catástrofe totalitaria, los mitos ideológicos: la proyección de sociedades utópicas, el perfeccionismo, el dirigismo económico. Las sociedades libres moderan estas creencias, obligándolas a acomodarse a una ética individualista. Pero esas sociedades se resienten cuando las cosas no progresan adecuadamente. El desastre siempre las acecha, como a cualesquiera otras, aunque tal vez ellas sean particularmente frágiles.

Cuando la adversidad las golpea, no tardan en sufrir impugnación. Es el momento de los utopistas. Decía Cabet, socialista utópico del XIX: «Nada es imposible para un Gobierno que desea lo mejor para sus ciudadanos». Es una especie de imperativo colectivista que siempre ronda a las sociedades liberales, difícil de exorcizar por completo. Porque sus fracasos lo retroalimentan. La gran expansión del Estado en tantas sociedades no ha traído pueblos más felices, ni Gobiernos (hipertrofiados) más estables. Aun así, se exige más intervención. Es como creer que la dosis mayor de una medicina curará la enfermedad causada por una dosis menor del mismo medicamento.

Vivimos en un mundo de promesas; en un mundo así, es normal que nos sintamos algo desposeídos. Y la frustración de expectativas de bienestar es peligrosa. Estudiando la revolución por antonomasia, la de 1789, Tocqueville formuló una ley válida para todo estallido social: tendrá lugar no cuando las situaciones sean pésimas y la pobreza generalizada, sino cuando las condiciones mejoren y se disparen las expectativas.

La ley Tocqueville

Los franceses de 1789 estaban irritados contra los nobles porque eran casi sus iguales. La burguesía francesa del siglo XVIII era rica y casi tan poderosa como la nobleza. Fue este *casi* lo que la exasperó; su estímulo fue la cercanía de la meta: son siempre las últimas etapas las que desatan la impaciencia; un proverbio inglés dice que «*The last mile is the hardest mile*».

La lección aprovechable de la «ley Tocqueville» es que nunca ha de actuarse con el simple propósito de apaciguar la agitación. Hacerlo así denota debilidad o mala conciencia, y solo conduce a exigencias mayores. El Gobierno que cede ante el chantaje solo conseguirá precipitar las consecuencias que teme. Es paradójico: el éxito de la libertad económica alimenta expectativas que desatan una impaciencia miope que, a su vez, amenaza lo que las hace posibles. Porque compromete el crecimiento en libertad y los beneficios que comporta.

Por eso el número de falsos remedios contra la pobreza es infinito. Suelen descansar en una gran falacia: suponer que la producción se compone de una cantidad fija de bienes y servicios, producidos por un capital fijo en cantidad y calidad, que proporciona un número fijo de puestos de trabajo. Se da por descontado que esa producción inmutable marcha más o menos automáticamente, sin que influyan en ella los incentivos de productores, trabajadores y consumidores. Escuchamos con frecuencia que solo hace falta una «mejor distribución». Es el viejo socialismo repintado: la «redistribución» se traduce en subvenciones, gasto público explosivo, impuestos punitivos al ahorro, los beneficios y las herencias.

Falsos remedios. La mayoría de las personas siempre reconoció en el ahorro y el trabajo el remedio de la pobreza. En el campo de la organización social, fue surgiendo, sin plan consciente, un sistema de división del trabajo, libre intercambio y cooperación al que hoy llamamos libre empresa o capitalismo, según se quiera honrarlo o menospreciarlo. Uno de los rostros que adopta el menosprecio es el de la «teoría del decrecimiento». Se nos advierte que, inevitablemente, el mundo necesita una disminución controlada y progresiva de la producción para enfrentar la crisis sistémica ligada a los límites de los recursos energéticos del planeta.

Este pensamiento plantea la ruptura de uno de los principales consensos políticos, a derecha e izquierda: la búsqueda del crecimiento. Hasta la guerra en Ucrania y la crisis energética que desató, esta teoría no sonaba mucho en la política española. Sin embargo, la extrema izquierda europea ya la ha adoptado para evitar —dicen— la «barbarie a la que se encamina la civilización».

Un nuevo malthusianismo

Uno de los partidos coaligados en el Gobierno español, Izquierda Unida, publicó en 2022 un manifiesto titulado «Decrecer para vivir», denunciando que la concepción económica del «crecimiento continuo» ha dejado al mundo a «las puertas de una conjunción de crisis energética, climática y de biodiversidad sin precedentes», y apostando por «un replanteamiento total de los modelos de producción y consumo».

Desde la publicación del informe, *Los límites del crecimiento*, en 1972, existe un veredicto sobre el desarrollo económico. El agotamiento de los recursos naturales, especialmente los hidrocarburos, la aceleración del calentamiento global y el temor a una extinción masiva de especies vivas son tomados como evidencia de que el modelo de desarrollo occidental no es sostenible.

Es muy legítimo preocuparse por esos retos. Pero no es tan legítima la desconfianza en el progreso técnico a la hora de contribuir a la reducción de las emisiones de gases de efecto invernadero, por poner un ejemplo. Según ese recelo, el verdadero avión descarbonizado no sería el que consumiera menos combustible, sino simplemente el que no volase. Por supuesto, debemos insistir en el imperativo de la eficiencia energética, pero también hemos de evitar llevar el razonamiento demasiado lejos: si el único objetivo de nuestras acciones fuera reducir nuestra huella medioambiental, entonces la condición humana, e incluso la vida misma, estarían amenazadas. Decir «la verdadera vida descarbonizada es la muerte» haría contradictorio el principio de precaución.

El progreso técnico no cambiará el hecho de que estamos limitados por un *stock* de recursos perecederos y un flujo determinado de energía solar. Nadie afirma lo contrario: el infinito no es de este mundo. Pero es completamente falso manifestar que las reservas y flujos que sustentan nuestro crecimiento sean independientes de nuestra capacidad tecnológica. Sin el dominio de la extracción de petróleo, las reservas de hidrocarburos no nos servirían de nada; sin el dominio de la fisión nuclear, tampoco las reservas de uranio, y sin el dominio de las tecnologías fotovoltaicas, el flujo solar solo sería utilizable mediante la fotosíntesis y ciertos usos térmicos ineficientes.

El progreso técnico tiene, por tanto, dos efectos principales: nos permite utilizar ciertos recursos de forma más eficiente para mantener la economía en funcionamiento, y aumenta otros inmediatamente disponibles. Este segundo efecto se descuida con demasiada frecuencia.

Además, es importante no subestimar el componente inmaterial del crecimiento. Hay dos formas de crear riqueza: o bien produciendo más «cosas» o bien organizando y disponiendo mejor esas «cosas». Es evidente que la tecnología digital desempeña un papel fundamental en el apoyo a este crecimiento intangible. Las nuevas tecnologías tienen una huella material y medioambiental, pero esta puede ser bastante limitada en comparación con el valor añadido que aportan si se utilizan con prudencia.

No subestimemos la inventiva humana; esperemos que pueda combinarse con el sentido de nuestras responsabilidades colectivas concretándose en políticas medioambientales acertadas. Políticas tan pegadas a la realidad como alejadas de la ideología. Porque si el fenómeno del cambio climático es una realidad, también lo es su utilización para la satisfacción de agendas radicales.

La activista Naomi Klein lo ha reconocido expresamente, en su libro *Esto lo cambia todo. El capitalismo contra el clima*, diciendo que los «derechistas tienen razón» cuando denuncian que el cambio climático se utiliza «para avanzar en la aniquilación del capitalismo».

Civilización y transmisión

El crecimiento en libertad no es un tema más del repertorio macroeconómico. Es un requisito para la supervivencia de la civilización occidental, hoy cuestionada y objeto de múltiples ataques, internos y externos. La cultura de la cancelación y distintas expresiones del nihilismo posmoderno son morbos incubados en todas las sociedades libres. Padecemos un exceso de activismo irresponsable a la hora de promocionar ciertas agendas. En lo político tienen que ver con un cierto narcisismo mesiánico: se nos invita a la autocomplacencia por apoyar tesis «correctas». Creo que es hora de aportar coraje y convicción. Me parece que ha llegado el momento de dirigirse a las generaciones jóvenes e invitarlas a tomar posesión de su herencia.

La civilización occidental no es un residuo limitado por la geografía. Es un depósito llamado a enriquecerse: algo abierto, generoso y creativo. No podemos olvidar que la civilización, no solo para desarrollarse, sino para mantenerse, necesita un soporte material. Supone, en primer lugar, seguridad, lo que a su vez presupone Estados organizados y finanzas sanas. Requiere la satisfacción de muchas condiciones económicas, sociales y políticas.

Arriesgando una definición, diría que la civilización es el estado social en que cada individuo que viene al mundo encuentra mucho más de lo que aporta. Es decir, la civilización es, ante todo, un capital. Un capital transmitido. Porque el conocimiento, las ideas, las mejoras técnicas y la moral se capitalizan como cualquier otra cosa. Capitalización y tradición —tradición es transmisión— son dos términos inseparables en la idea de civilización. Si falta uno u otro, la civilización queda comprometida.

Hoy Occidente está comprometido, porque está en guerra. El crecimiento en libertad, base material de su civilización, es desafiado, desde dentro, por tentaciones disolventes y desde fuera por amenazas bélicas. Pero alberga en su seno el remedio. Si atiende a su verdad histórica, permanecerá fiel a la libertad; y advertirá que el futuro depende de un puñado de virtudes humildes: el trabajo, la disciplina y la paciencia. En 2025, Ucrania simboliza y resume todo esto. Como las vidas destruidas, como los campos arrasados, como las ciudades derruidas, como las libertades pisoteadas, tendremos que reconstruir, en Occidente, en Europa y en España, muchas cosas que dábamos por sentadas.

Decía con frase gráfica el historiador y geógrafo griego Estrabón, que no son las murallas las que defienden a los hombres, sino los hombres a las murallas. Los hombres y mujeres de hoy, como los de todas las épocas, no elegimos el tiempo que nos toca vivir. Nuestra «muralla» es extensa, obra de muchas generaciones, y acoge bienes inapreciables, de infinito valor; batida en algunos tramos, soporta una ofensiva tenaz. Todos estamos llamados a participar en su defensa, cada uno en su sector, haciendo uso de las facultades que están a nuestro alcance en una sociedad liberal: hablando, escribiendo, persuadiendo.

Siempre será más cómodo desentenderse que comprometerse. He querido escribir estas páginas intentando compartir con mis compatriotas un deber de compromiso con España y con la libertad que tengo por inexcusable, y que hoy pesa más que nunca sobre todos nosotros.

ESTE LIBRO
SE TERMINÓ DE IMPRIMIR
EN EL MES DE OCTUBRE DE 2025